日本の遺跡45

唐古・鍵遺跡

藤田三郎 著

同成社

弥生の常識を覆した楼閣の描かれた絵画土器

1

4

2

3

1・2：第47次調査出土
3：第77次調査出土
（なお1～3は同一個体の破片、本文の図54参照）
4：第61次調査出土
5：絵画土器を元に復元された楼閣

5

集落をめぐる大環濠と区画溝

南地区内の区画溝（第69次調査）

幾重にもめぐる遺跡東南部側の大環濠（黄色の丸はムラの出入口と思われる橋脚の見つかった位置）

ムラの青銅器鋳造工房で製作された、銅鐸鋳型群

石製銅鐸鋳型片（第3・65次調査出土）と復元模型

大量に出土したさまざまな土製の銅鐸鋳型外枠

ムラの祭祀の様相を物語るさまざまな遺物

褐鉄鉱容器と、中に入っていたヒスイ勾玉と蓋に利用された土器片（第80次調査）

イノシシの下顎骨（第37次調査、牙を抜いた後に木製の牙が差し込まれていた）

鶏の頭部をかたどった土製品（第11次調査）

目　次

カバー写真　復元楼閣
装丁　吉永聖児

唐古・鍵遺跡

I　再開された唐古遺跡の調査

唐古・鍵遺跡第3次調査

一九七七年八月一日は、その後の唐古・鍵遺跡の方向を決定づける日となった。それは、唐古池の南方二〇〇《メートル》の地点で始まった「唐古遺跡」(「唐古遺跡」と「唐古・鍵遺跡」の違いは第3次調査の以前・以後で使い分けている)の発掘調査が開始された日であり、その後一〇〇次以上に及ぶ調査の出発点、遺跡保存への第一歩でもあった。この調査は、田原本町立北幼稚園の建設にともなう事前調査であったが、一九三六・一九三七年の唐古池の発掘調査から数えて三回目の調査、すなわち第3次調査で、実に四〇年ぶりに再開されたものであった。

同年十一月十五日に終了するまでの一〇七日間の調査は、弥生時代の生の資料が眼前に次々と現れ、つねに新鮮な驚きの連続であった。発掘調査を担当した当時の奈良県立橿原考古学研究所の故・久野邦雄と寺澤薫(現・桜井市纒向学研究センター所長)を始め、調査に参加した学生たちにとっても経験したことのない未知の大遺跡の現場であり、両氏の指揮の下、調査は神経の張りつめた、苦悩の連続であった。もちろん、学生で発掘

図1　唐古・鍵遺跡の第3次調査風景

経験の少ない私にとっても充実した日々であったが、その後、この遺跡と格闘することになるとは当時は思いもよらなかった。しかし、この調査によって、「学史としての唐古遺跡」から「弥生の情報が発信される基地」としての大遺跡となったのである。

この調査が始まった一九七〇年代までの弥生時代研究は、戦前の唐古池の調査とその報告書『大和唐古弥生式遺跡の研究』を基礎としていた。当時は、弥生遺跡の調査はまだ少なく、遺構や遺物の断片的な情報にとどまっており、弥生時代研究は静岡市登呂遺跡や福岡市板付遺跡、岡山市津島遺跡などの集落遺跡、方形周溝墓が検出された東大阪市瓜生堂遺跡、二重の環濠が検出された池上曽根遺跡などが中心で、現在のように多数の著名な弥生遺跡があるわけではなかった。したがって、近畿地方では四〇年前の調査とはいえ、唐古池底から検出された百数基の竪穴と弥生前期から後期までの土器、それにともなって出土した木製の容器や農具、石器・骨製品・炭化米・獣骨などは弥生文化を考えるうえで重要な資料になっていた。このようなことから、弥生遺跡の報告書といえば、『大和唐古弥生式遺跡の研究』であり、弥生時代研究者にとっては座右の書となっていたのである。

唐古遺跡から
唐古・鍵遺跡へ

第3次の発掘調査が始まる以前の唐古遺跡の遺構の情報は、

図2　東上空から見た唐古・鍵遺跡(昭和20年代頃)

第1次調査の唐古池の「竪穴」百数基の存在と唐古池の北西一〇〇《メートル》で実施された小規模な調査による数条の溝のみであった。遺跡範囲については、遺跡踏査によって一九七〇年に『奈良県遺跡地図』が作成されており、唐古池のみでなくその南三〇〇《メートル》まで拡がることが推測されていた。このようなことから、第3次調査は遺跡の南限がわかる可能性があった。何はともあれ、弥生研究者にとっては、謎の大遺跡の実態を知るための期待の調査であった。

また、この第3次調査は、奈良県の低地部における大規模遺跡を面的に調査した最初の発掘調査でもあった。

南北一〇〇《メートル》・幅五《メートル》の調査区が二本設定され、重機によって水田耕土層・床土層が除去されていくと、すぐに土器を多量に含んだ黒褐色土層が現れた。しかし、地下水位が高くその地面は水没していく。それを防ぐために調査区の周囲にスコップで幅約二〇《センチ》の排水用の溝を掘り、そこに水を集め水中ポンプで汲み上げる作業も並行して進められた。このようにして、当時の地面を露出・乾燥させていく作業が一週間ほどつづいた。この黒褐色土層には、いままで経験したことがないほどの土器や石器がたくさん包含されているのであるが、しかし、この土層上面では遺構らしきものはまったくわからないのである。

このような状況のなかで、周囲に設定した排水

図３　第３次調査検出の環濠（上が北）

溝はたいへん役にたつ存在となった。それは、この黒褐色土の下層にある遺構を事前に確認できることで、どのように土層が堆積しているか理解して調査が進めることができるようになったからである。特に唐古遺跡の場合は、沖積地に立地し数百年にわたって集落が営まれており、その堆積は幾層にもなり複雑な様相を呈している。したがって、どの地層が当時の地面になっていたのか、また、どの地層から遺構が切り込んでつくられていたのかを把握する必要があるのである。

　この排水溝で確認していくと、どうも黒褐色土層の下には大溝が存在し、その上部に土器が堆積していくらしいことがわかってきた。そして、黒褐色土層を薄く徐々に剥がしていくと、溝のラインが現れ、三条の大溝が並行して掘削されていたのである。これらの大溝は、幅五～六メートル、深さ一・五～二メートルもある大規模なもので、調査区の北半で検出された。いちばん南側の大溝から南側では、ほとんど遺構が存在せず、遺物も極端に少ない。このことから、この大溝が唐古遺跡の南端を区画する環濠であろうと推測され、集落の範囲が確認されたのである。

　三条の大溝の、真ん中の環濠は、上部を弥生時代後期末の多量の土器で埋められ、さらに掘り下げていくと、木製の鋤や鍬・泥除けなどの未成品

図4 溝から出土した銅鐸鋳型外枠の土製品（第3次）

が続々と出土した。唐古池の発掘調査でも木製品が竪穴から大量に出土したが、この時は竪穴でなく、環濠からの出土で、これがどのような意味かは前例がなくわからなかった。いまではこのような木製品は、製作途中に水漬けしておくためのものだとわかるのだが……。

いずれにせよ、この環濠の検出により、唐古遺跡の南限がほぼ確定されることになった。南北約五〇〇《メートル》以上の大遺跡で、それは田原本町大字唐古のみでなく、大字鍵の地区にも展開していることになり、遺跡の名称も「唐古遺跡」から「唐古・鍵遺跡」へ変更することになった。

銅鐸鋳型の出土

この第3次調査の最大の成果は、環濠を検出したことにより遺跡の範囲を確定できたことであった。そして、もうひとつの大きな成果は、この遺跡の重要性を示す銅鐸の鋳型を含む青銅器鋳造関連遺物が多数出土したことであった。

この第3次調査の期限は九月末、毎日が大量に出土する遺物との悪戦苦闘で調査はなかなか進まない。調査の延長がのぞまれる状況のなか、小溝から丸瓦に似た長さ四〇《センチ》ほどの土製品が出土した（図4）。その土製品の外見は丸瓦に似ているが、全体的にどうも違う。当時の銅鐸鋳型は大阪府茨城市の東奈良遺跡から出土した石製銅鐸鋳型が知られており、それに形は似ているが、文様はなく土製品なのである。

さて、その不明土製品が出土した数日後、橿原考古学研究所に末永雅雄所長以下、石野博信、久野・寺澤ら調査担当者、銅鐸の研究者である故・佐原真らが集まり検討会が開かれた。今までに類例のない土製品は、最終的に内側に粘土を貼りつけて文様を刻み、銅鐸の鋳型にしたのではないかということになった。そういえば調査当初から、小片であったが類似した土製品が出土しており、今までの出土品を調べなおすと土器以外の土製品はかなり見つかった。続々と出土する重要遺物によって調査期間が延長されるとともに調査区も拡張され、一安心ではあったが、あいかわらず各所から大量の遺物が出土し、また、木製の糸巻きや四脚容器など類例のない遺物の出土で、現場は戦場となった。

調査が進むにつれて同様の土製品やフイゴの送風管、石製の銅鐸鋳型、銅鏃、不明青銅製品、青銅の鋳張りなど鋳造関連遺物が続々と出土し、あの不明土製品は銅鐸の鋳型に違いないということになった。正確に言えば、その土製品は鋳型の土製外枠で、土製品の内側に真土（精製の粘土）を貼り付け、文様を刻み鋳型とするものである。

青銅器鋳造関連遺物については後半で詳述するが、この第3次調査の二つの成果によって、田原本町はその後、継続的な調査を行うようになり、唐古・鍵遺跡の実態解明と遺跡保存へと向かうことになったのである。

Ⅱ　唐古遺跡を探索した人びと

1　唐古遺跡の発見と黎明期の大和弥生遺跡

奈良県の弥生時代研究は、高橋健自による大和の遺跡踏査・遺物採集に始まる。一八九七・九八（明治三十・三十一）年の橿原市中曽司遺跡に始まり、唐古・鍵遺跡については一九〇一（明治三十四）年の論文「大和考古雑録」のなかで「磯城郡川東村大字鍵の遺跡」として初めて考古学界に紹介した（図5）。この小文では、唐古池からその南側に遺跡が拡がっていることや、遺物には土器や石鋸（石小刀）・石庖丁などが存在することを記している。遺物の中には、現在の唐古・鍵遺跡でも出土数の少ない有溝石錘や銅鐸形土製品の舌になるような石製品？（あるいは垂飾品）も描かれており、たいへん参考になるものである。

この「鍵の遺跡」こそが唐古遺跡のことで、興味深いことに、この段階では「鍵」であるのに、「唐古遺跡」としては一九一七（大正六）年の岩井武俊の記述が初出らしい。その後はこの唐古遺跡の名称が通用することになり、最終的には当初の「鍵」が入り「唐古・鍵遺跡」へと帰結するの

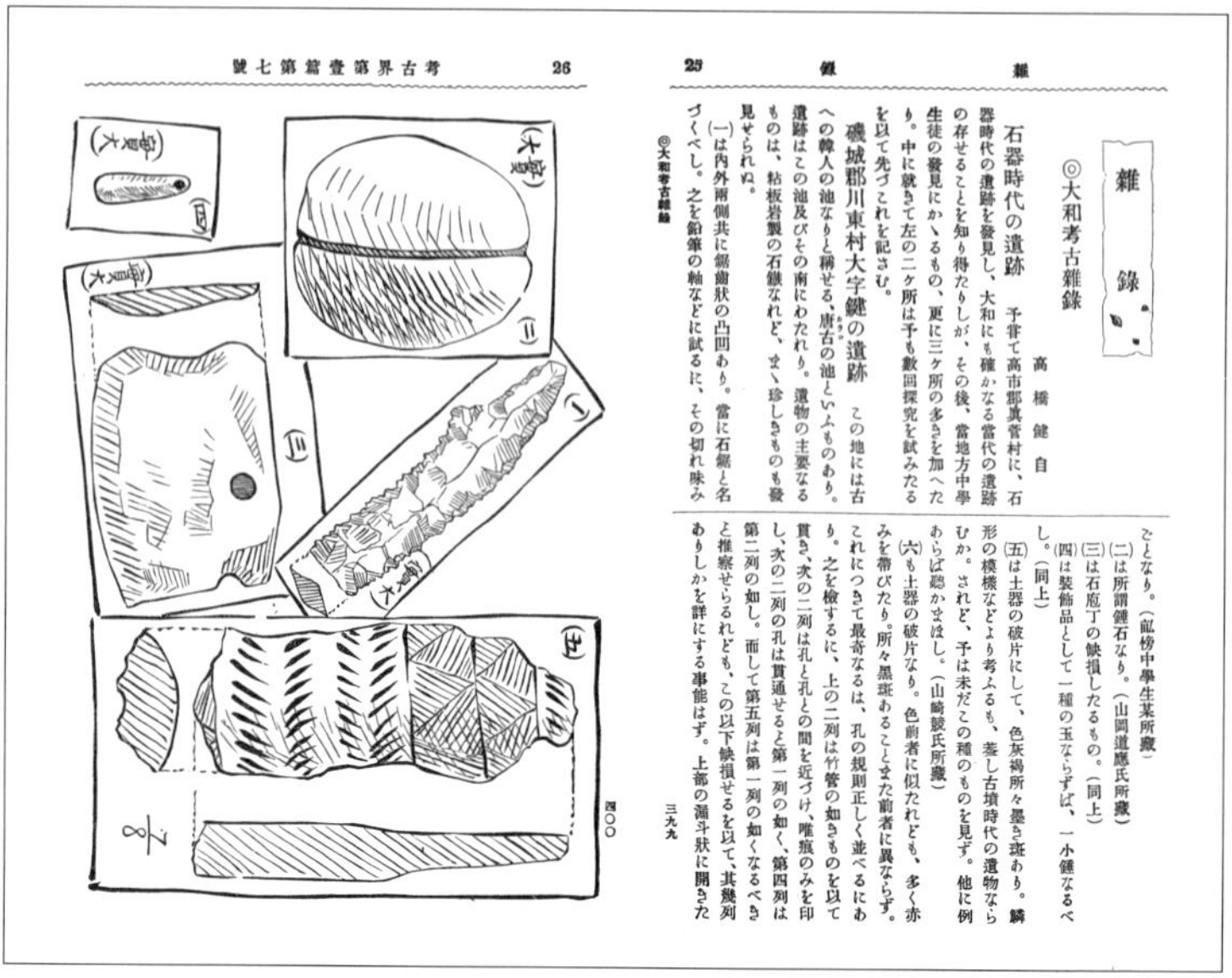

考古界第壹篇第七號　26

25　雜錄

雜錄

◎大和考古雜錄

高橋健自

石器時代の遺跡　予嘗て高市郡眞菅村に、石器時代の遺跡を發見し、大和にも確かなる當代の遺跡の存せることを知り得たりしが、その後、當地方中學生徒の發見にかゝるもの、更に三ヶ所の多きを加へたり。中に就きて左の二ヶ所は予も數回探究を試みたるを以て先づこれを記さむ。

磯城郡川東村大字鍵の遺跡　この地には古への韓人の池なりと稱せる、唐古の池といふものあり。遺跡はこの池及びその南にわたれり。遺物の主要なるものは、粘板岩製の石鏃なれど、まゝ珍しきものも發見せられぬ。

(一)は内外兩側共に鋸歯狀の凸凹あり。當に石鋸と名づくべし。之を鉛筆の軸などに試るに、その切れ味みごとなり。(畝傍中學生某所藏)

(二)は所謂鏈石なり。(山岡道應氏所藏)

(三)は石庖丁の缺損したるもの。(同上)

(四)は裝飾品として一種の玉ならずば、一小錘なるべし。(同上)

(五)は土器の破片にして、色灰褐所々墨き斑あり。鱗形の模樣などより考ふるも、蓋し古墳時代の遺物ならむか。されど、予は未だこの種のものを見ず。他に例あらば聽かまほし。(山崎駿氏所藏)

(六)も土器の破片なり。色前者に似たれども、多く赤みを帶びたり。所々黑斑あることまた前者に異ならず。これにつきて最奇なるは、孔の規則正しく並べるにあり。之を檢するに、上の二列は竹管の如きものを以て貫き、次の二列は孔と孔との間を近づけ、唯痕のみを印し、次の二列の孔は貫通せると第一列の如く、第四列は第二列の如し。而して第五列は第一列の如くなるべきと推察せらるれども、この以下缺損せるを以て、其幾列ありしかを詳にする事能はず。上部の漏斗狀に開きた

◎大和考古雜錄　三九九

四〇〇

図5　『考古界』に紹介された「鍵の遺跡」

だが、このような遺跡名称の変遷は、この遺跡の長い学史を体現しているといえよう。

この高橋の報告以来、唐古遺跡の存在が知られるようになり、各地から愛好家が遺物採集に訪れるようになった。それから十六年を経て鳥居龍蔵・岩井武俊による小規模な発掘が行われるに至り、大和で最も注目される遺跡となったのである。その中心的役割を果たしたのは、地元唐古村の飯田恒男・松次郎親子である。彼らによる唐古池を中心とした採集遺物は、梅原末治や森本六爾ら研究者に注目されるところとなり、大正期後半から昭和初期に学界に紹介されるようになる。特に農耕文化の解明に心血を注いでいた森本は、唐古遺跡を初めとする石器時代の遺跡約九〇カ所を集成し、これら遺跡が奈良盆地の五〇〜一〇〇〇《メートル》の低地に存在していることを明らかにした。一九三〇（昭和五）年、飯田は自費出版

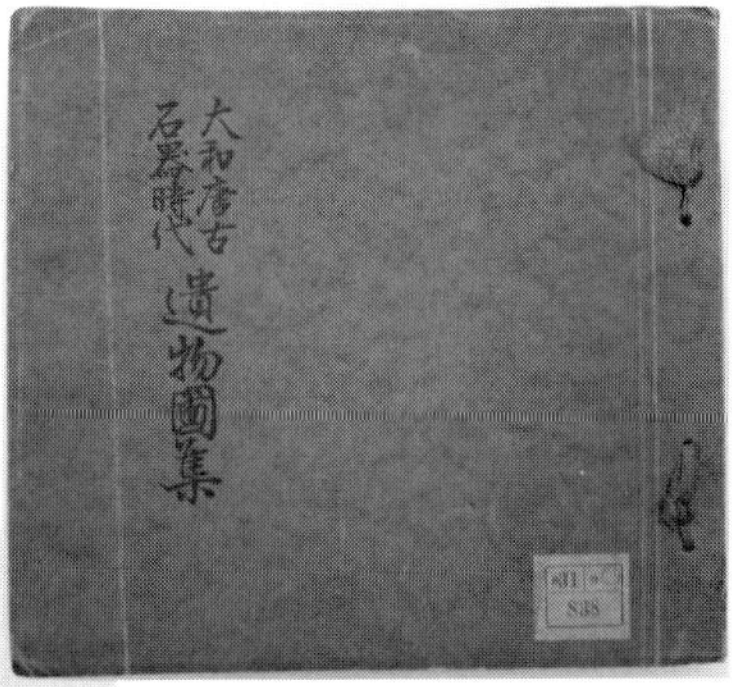

表紙

鹿と猪の画かれた土器

図6　飯田親子が遺物採集し出版した図録

で『大和唐古石器時代遺物図集』を刊行したが、これは昭和初期にあって唐古遺跡の内容がわかるすばらしい本であった（図6）。また、森本六爾は、特に土器に描かれた鹿の絵画に注目し、銅鐸絵画との共通性から銅鐸使用者との関係を想定するに至っている。

　このように大正から昭和初期にかけて、唐古遺跡を初めとする橿原市中曽司遺跡、橿原市一遺跡、天理市平等坊・岩室遺跡など今日知られている主要な弥生遺跡が発見されることになり、資料紹介を通じて大和の弥生遺跡の情報が蓄積されることになった。これらの遺跡は、弥生時代前期から後期まで継続される低地の大集落遺跡であったからこそ、遺物量も豊富であり、その存在が知りえたのであろう。特に唐古遺跡は、遺跡の中央部に巨大な唐古池があり、容易に遺物採集できる条件があった。そのため、多くの遺物が採集され、紹介もされた。すでにこの時期から最も注目されていた遺跡のひとつといえよう。

一九〇〇年代から一九五五年頃までの奈良県の弥生時代研究は、発掘調査が少なく、遺跡紹介や資料紹介が中心であり、もっぱら弥生時代というのがどのような時代であるのか、どのような遺物で構成される文化なのかの把握に心血が注がれた。いわば、奈良県内の弥生遺跡の分布と時期・内容を確認した資料蓄積の時代であったといえよう。その中にあって、唐古池の調査は傑出する存在だったのである。

2　唐古池（第1次）の調査

唐古池の発掘調査は、弥生時代研究の学史的記念碑となる調査であった。それは、低湿地という条件により、木製品や種実・動物骨といった出土遺物の残存状態が良好であり、また、それら遺物が竪穴内から土器や石器と共伴して出土したことから、弥生文化を総合的に理解する上で重要な役割を果たしたからである。膨大な土器は、小林行雄によって弥生時代を五つの様式に分ける土器編年がなされ、畿内地方の弥生土器編年の基礎となった。西（九州）の板付遺跡、近畿の唐古遺跡、東の登呂遺跡は、戦後の教科書に載る弥生時代遺跡としてその位置を占めたのである。

唐古遺跡の第1次調査は、一九三六（昭和十一）年の暮れから始まった唐古池底の調査としている。しかし、あまり知られていないがその前にも小規模な調査が実施されている。最初に手掛けたのは一九一七（大正六）年に鳥居龍三と岩井武俊、その後、一九二三（大正十二）年に森本六爾、一九二四（大正十三）年には上田三平が唐古池堤に沿う南側や西側の水路底で小規模な試掘調査を実施しているのである。いずれも土層と遺物の包含状態を観察したものであるが、上田の調査において完全な形の長頸壺の出土をみている。当時の考古学知見と調査方法からすれば、この大規模な遺跡を把握することはかなり困難であったことは想像に難くない。このような状況のなか、その日がついにきたのである。

大和、さらには日本の弥生時代研究にとって大きな成果となったのは、一九三六・三七年の唐古池の発掘調査と、一九四三年に刊行されたその報告書『大和唐古弥生式遺跡の研究』である。この調査は、皇紀二六〇〇年事業として奈良から橿原神宮につながる国道の敷設工事にともなう約三カ月の短期間の調査であった。それにもかかわらず、低湿地の弥生遺跡を面的に大規模に調査したという点で、この時代において突出した調査として位置づけられるのである。

調査では、残念ながら弥生時代前期から古墳時代前期・後期の大小土坑を検出したにとどまったが、出土した遺物は、その当時においては木製の農具など類例の少ない良好なものであり、弥生文化を総合的に把握する上で重要な役割を果たした。また、それまで単発・単独的であった弥生土器の資料が、この遺跡の発掘調査によって遺構単位に土器を把握できるようになり、弥生土器の様式を確立した。この遺構一括資料の認識とそれにもとづく様式の構築としては、おそらく最も早い時期のものであろう。それらの成果が先述の『大和唐古弥生式遺跡の研究』であり、この時代にあって、この遺跡の調査と報告書は卓越した存在といえる。

この唐古池の発掘調査の様子は、その調査日誌や回顧録に詳しい（図7）。当時、末永は三九歳。とても若いとはいえない状況で、朝四時過ぎ

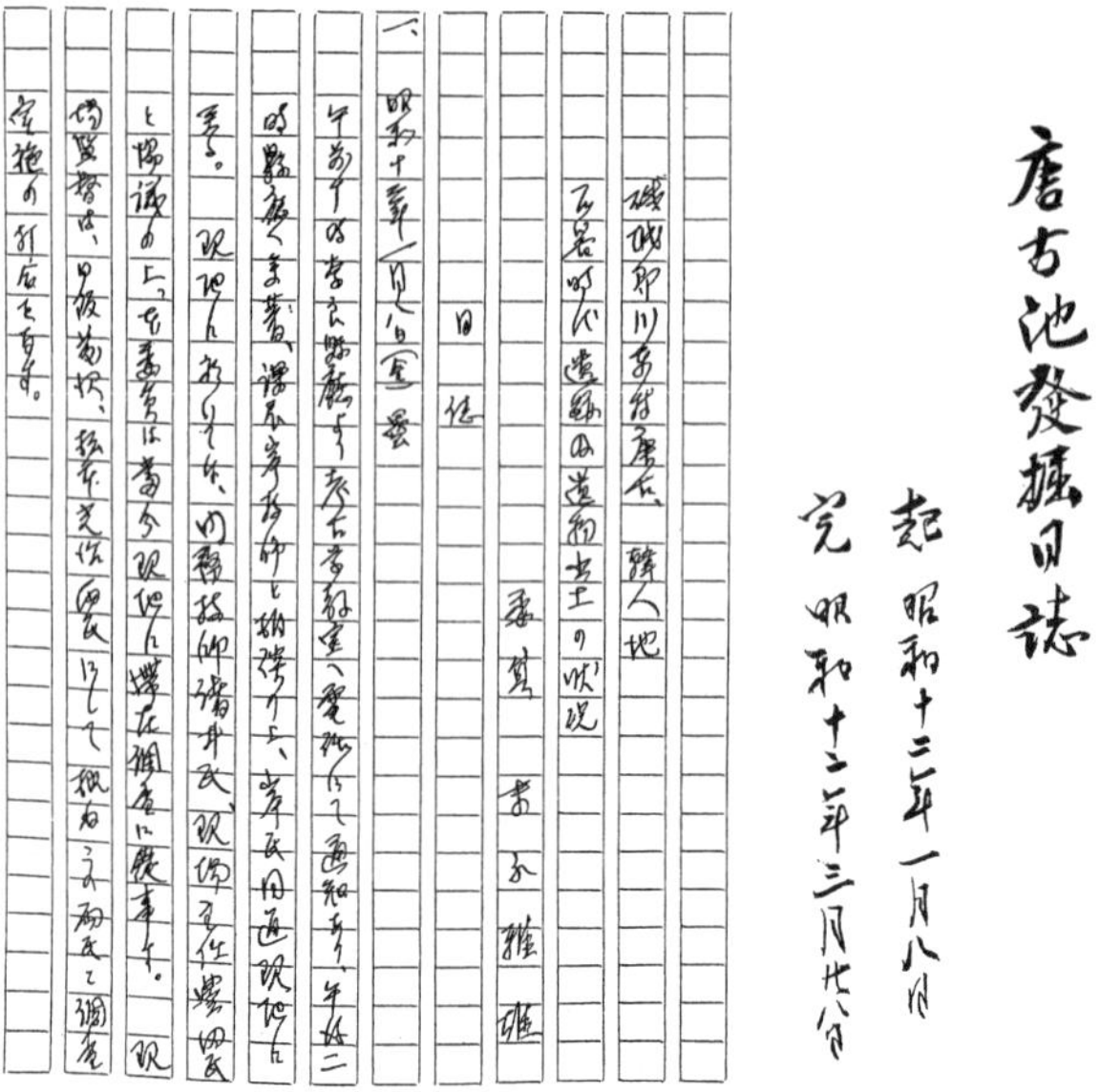
唐古池発掘日誌
起 昭和十二年一月八日
完 昭和十二年三月廿八日
磯城郡川東村唐古、鍵人地
石器時代遺跡の遺物出土の状況
委員 末永雅雄
日誌
一、昭和十二年一月八日（金）曇

図7　末永雅雄の調査日誌

の起床に始まり、学生たちの面倒から調査現場の指揮、夕食後の遺物実測、また、各関係者との折衝等々、あらゆるコーディネイトをしたその情熱と担当者としての責任感はまさに超人的であった。また、調査は土取り工事と並行して行われたから、工事を阻害すると思っている作業員との人間関係には特に気を使ったようである。

調査の状況について、調査終盤の調査日誌の一節を引用しよう。

第三九日　二月一五日（月）晴　風強く寒し
夕方猛烈に雪
中央線上東端に小竪穴第五九号現れ、泥土上層より約二尺二寸にして敲痕ある壺型土器一個口を東にして横たわる。昨日多数の土器を出だしポケット第五三号の残部より一個を採取する。第五四号櫛目式土器竪穴は比較的浅く本日は殆んど採集なく終わるかと思わる。

中央部東偏第四八号四九号竪穴に於ては遠賀川式土器上位よりも下位よりも盛んに出づ。

……

奈良盆地の冬は、盆地ゆえに底冷えが厳しくたいへん寒い。また、池底を這うように寒風が打ち寄せるのである。私も一九八五年の十二月から翌年の二月にかけて、唐古池の東側堤防沿いの内部を調査したことがあった（第23次調査）。本当に唐古池内は寒く、出土した土器の表面は見る見るうちに凍りついて白くなっていくのである。今のように暖房具が整っていない状況で、氷を割り、雪を払いながら調査をする状況の厳しさは、想像にかたくない。

さて、調査は三九日目で終盤に差し掛かり、あちこちで竪穴が見つかり、そこから土器や木製品が出土している状況が読み取れる。そこにはつねに新しい発見があった。調査日誌を読み返すと、その遺物が当時どのように認識されていたのか、どのような課題があったのかなどが詳細に綴られており、当時の弥生時代研究の状況が手にとるようにわかる。また、日誌を読んでいくと、出土状況の説明から報告書のあの土器か、あるいは、あの木器のことか、とそれらの発見当時の出土の状況が生々しく伝わってきて、今でも唐古・鍵遺跡の調査中に追体験できるほどの精度である。当時の現場は人手も少なく、連日遺構・遺物と触れる緊張感が日誌から伝わってくる。私も長年唐古・鍵遺跡の調査に携わってきたが、その巨大な遺跡と対決している緊張感はなかなか伝えることができないものである。

さて、唐古池の調査の実態を現在の調査状況から検証しておこう。調査の直接的な原因は、先述のように皇紀二六〇〇年事業としての国道敷設工事である。内務省の大阪土木出張所の高西敬義さ

図 8　唐古池内の調査（第 1 次）

んとの交際を通じて、末永が唐古池を選び、了解を得、一九三六（昭和十一）年十二月から着手することになった。唐古遺跡がその候補になったのは、大和で最も遺跡内容がわかっており、注目される弥生遺跡であったからであろう。調査は奈良県と京都大学の費用で行われたが、その成果は大きく、京都大学の浜田耕作の指導のもと進められた。

堤防の西南隅を切り取り、二線に分け敷設した軌道にトロッコ約四〇台が設置され土の搬出が始まった。一九三六年十二月十三日、地元の飯田からの連絡により島本一・田村吉永が唐古池採土を確認し、そして、二十四・二十五日にはかなりの量の遺物が出土していたようである。採土は、唐古池西側から始まり、池南西隅を起点に北西から東、そして南側へと扇状に軌道を移動させながら行われた。年末から遺物の採集はあったが、本格的な調査は、翌一九三七（昭和十二）年一月八日からであった。池内の状況は、「池底に沈殿した泥は深さ一・五メートルぐらいあって、その泥の下層のきれいな泥のなくなるあたりに竪穴があり、……」とある。

　ところで、この唐古池は、江戸時代の『大和志』や『大和名所図会』などでは、『日本書紀』にある応神天皇七年に来朝した高麗人・百済人・任那人・新羅人を武内宿禰が指揮して造らせたという「韓人池」に当てている。調査者の末永は池底に古代遺跡があることを知らずにこの池を造ったと判断しているが、韓人池との関係は否定している。その後、この唐古池の築造年代は、田原本町史を編纂するときに発見された江戸時代の文書にある唐古池浚渫の記録や、一九八五年の唐古池内部を調査した第23次調査で考古学的に年代をおさえることができたわけで、江戸時代後期に造られた農業用の溜池であることが第1次調査の五〇年後に判明したのである。また、この唐古池は東西一〇〇メートル、南北二〇〇メートルの長方形の池であるが、当初の池は南側半分の正方形であったのものが、二回にわたって北側に拡張されたこともその形状から判断できたのである。

　この第23次調査では、堤防盛土の直下に中世後半から近世初頭の農耕用の小溝を多数検出しており、池の堤防が造られるまでは水田であったことを考古学的に証明した。また、古文書では、興福寺の庄園の明細を記した「興福寺雑役免坪付帳」（延久二［一〇七〇］年）に「田中庄十六町二反半……鋪設免田七町　十四条一里廿坪丁　廿一坪五反　廿二〃八反……」とあり、この「廿一坪」「廿二〃」に当たる場所が現在の唐古池に相当することから、耕作地であったことが知れるのである。

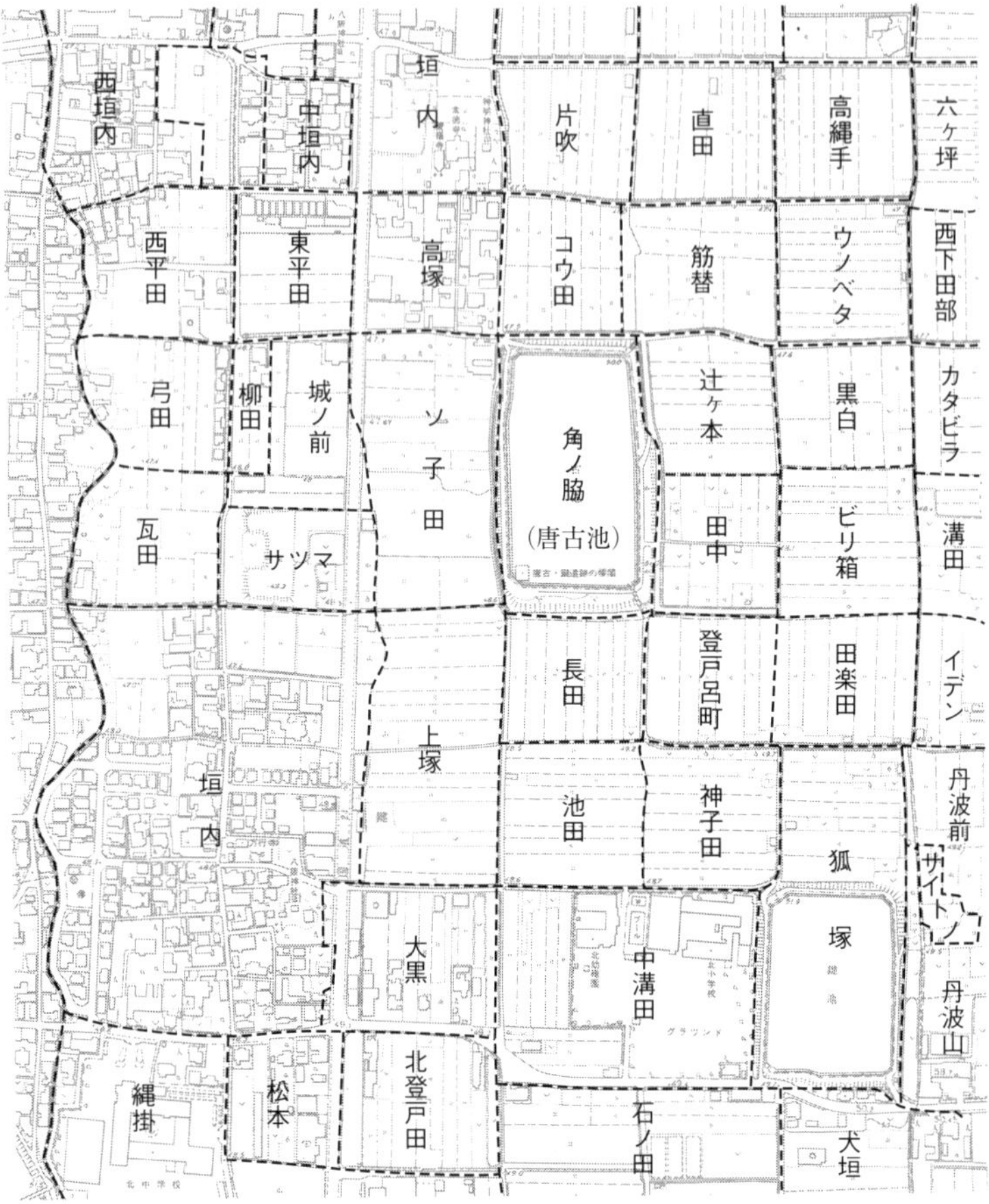

図9　唐古・鍵遺跡周辺の小字図

この「十四条一里廿坪」というのは、「条里制」とよばれる土地の表示法であって、奈良時代頃に奈良盆地一帯を約一〇九メートル四方（一町）に区画したもので、小字名として「一ノ坪」など数字がつけられるものがある。この坪が東西南北六町ずつ、つまり六町四方の単位の区画を「里」と表し、北から南へ一条、二条とし、朱雀大路の延長である下ツ道を基準に東、あるいは西へ一里、二里と表現した。したがって、条里制が施工されている奈良盆地の多くのところが特定できるのである。さらには、唐古池のところには、「角ノ脇」という小字名がある（図9）。小字名の起源についてはむずかしいところはあるが、いずれにしてもこの唐古池が古代から池になっていたのでなく、土地利用されていたことを示すものであり、さまざまな点からこの池が近世の築造によるものであることが裏づけられているのである。

　さて、この池は農業用の溜池であるから、この池水は池の北西側の唐古領の水田に供給することになるわけで、池底が深くなれば池水は落ちないから当時の地面からそれほど深く掘りさげていないことが予想される。おそらく、築堤用の土を池内部から採取した程度と思われるから、当時の地面から深いところで〇・五メートル余りまであろう。それは、築かれた堤防の盛土内の土が比較的きれいで、遺構内の有機質の土層や土器や石器などの遺物をほとんど包含していないことからもわかる。池築造に当たっての掘り下げはほとんど弥生時代の遺構面に達しておらず、その直上でおさまっていたであろう。

　その後、二〇〇年あまりの間には池底の浚渫が行われたであろうが、同様なヘドロの堆積を末永がみていたのである。したがって、ヘドロを除去すればすぐに弥生時代の遺構・遺物が現れるのであるが、残念なことに工事の進行に合わせた調査のため、土取りでみつかったものを残しておいてもらい、あるいはその場ですぐに記録し取り上げるという状況であったと思われる。このようなことから、遺構の確認は、平面で確認するのでなく、まず、土取りされた土層断面と遺物が出土した地点での確認であったようだ。それは、調査状

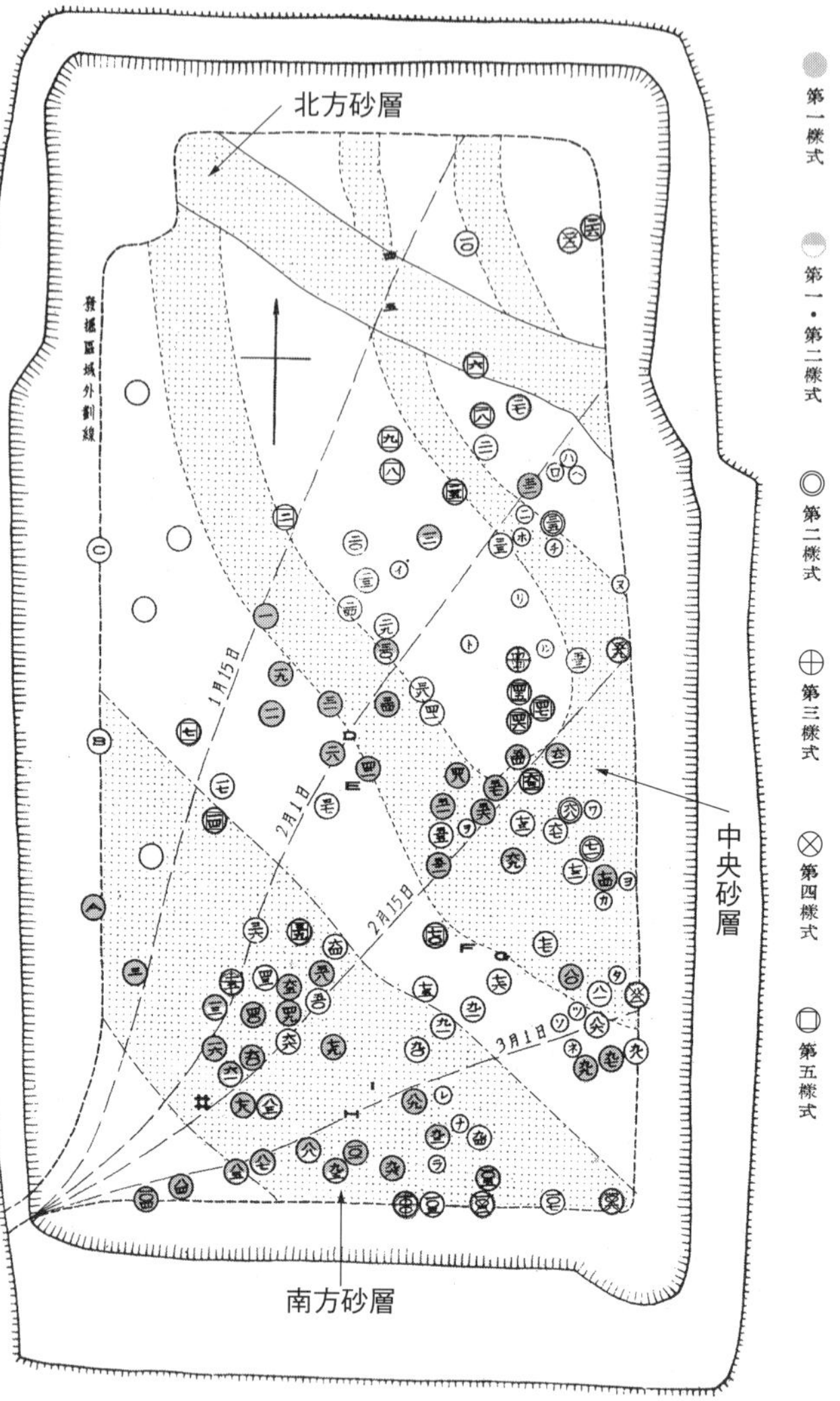

図10　唐古池から見つかった「竪穴」と砂層（網点）の配置図（第１次）

表1　唐古池の竪穴一覧表（第1次、遺構番号は図10に対応）

調査期間＼遺構の時期	弥生時代の竪穴（唐古様式）						古墳時代前期の竪穴	古墳時代後期の竪穴	鎌倉時代の竪穴	時期不明の竪穴	計
	一	一・二	二	三	四	五					
1月8日～1月15日	2	0	0	0	0	2				7	11
遺構番号	A・3					2・7				番号無4・4・B・C	
1月16日～2月1日	6	3		1	2	7				11	30
遺構番号	1・11・19・28・31・32	12・13・30		15	22・27	6・8・9・14・18・25・26				5・10・17・20・21・23・24・29・36・イ・D	
2月2日～2月15日	13	2	2	1	1	4	5	1		16	45
遺構番号	16・34・40・42・48・49・51・52・56・57・58・60・65	54・61	35・井	44	59	39・45・46・47	ニ・ホ・リ・ヌ・ヲ	ト		33・37・38・41・43・50・53・55・64・66・ロ・ハ・ヘ・チ・ル・E	
2月16日～3月1日	4	2	3		1	2			1	20	33
遺構番号	74・78・79・80・	62・69	68・71・83		82	63・70			ヨ	67・72・73・75・76・77・81・86・90・91・92・ワ・カ・タ・ツ・ソ・F・G・H・I	
3月2日～3月15日	7	6		1	2					8	24
遺構番号	84・89・96・97・99・101・104	85・87・88・93・95・105		100	102・106					94・98・103・107・ネ・レ・ナ・ラ	
遺構数	32	13	5	3	6	15	5	1	1	62	143

況の写真や遺物の出土状況の写真、池内部の竪穴配置図に記載されている工事の進行ラインからも読み取れるのである。

　唐古池の調査では、弥生時代前期から後期と古墳時代前期などの大小一四三基の竪穴（地点出土を含む）が見つかった。その分布は、池南半に多く分布し北半は少ない（図10・表1）。この「竪穴」という用語であるが、「竪穴式住居」のみを指すのでなく、地面を縦方向に掘りくぼめた穴の総称として使われている。現在の考古学用語の「土坑」にあたるのが当時の「竪穴」なのである。土坑もわかりにくい用語であるが、井戸のように穴の性格を限定しない地面を掘りくぼめた穴の総称である。

　これら竪穴以外には、自然流路と考えられる砂層堆積も三条見つかっている。いずれも南東から北西方向に走行する流路で、池南端で見つかった「南方砂層」と中央部の「中央砂層」とよばれるものは弥生時代前期に属し、池北端に位置する「北方砂層」は弥生時代中期のものであった。この北方砂層は池泥土直下にあり、前期の二つの砂層堆積より上位で検出されていることから、池底においても前期と中・後期の二時期の遺構面の存在がわかる。

さて、第1次調査では多数の竪穴が発見されたが、時期によって特徴がみられた。弥生時代前期の竪穴（第一様式）は、平面が矩形で短辺が六尺（一・八《メートル》）以上、深さ一・三〜六尺（〇・四〜一・八《メートル》）の規模を有する大型のものである（図11）。その内部からは、鋤・鍬・竪杵などの木製農具類、杓子・高坏・鉢等の木製容器類とそれら各種未成品、弓や籠、石斧や石庖丁・石鏃などの石器類、紡錘車や投弾、角牙製装飾品、焼米（炭化米）、籾殻、焼木、灰など多種多様な遺物が出土している。

これに対し、弥生時代後期の竪穴（第五様式）は平面が円形で、径三〜四尺（〇・九〜一・二《メートル》）、深さ一・一〜四・五尺（〇・三五〜一・三五《メートル》）の小型であった（図12）。また、その内部からは貯蔵用の壺が数個出土するのみで、石器や木器をともなわない。

この大小の「竪穴」について、調査者の末永は下記のように推論している。大型の「竪穴」は、「古代人の起居に適した大きさを有し、その内部において各種の器物を取扱い、食料を保管し、かつまた火熱を用いるなどの、生活の拠点となった明証を有していて、広い意味での住居の遺構」とした。そして、後者は「その大きさから推しても、人びとの作業や起居の場所に当てられたものでない……主として壺形土器に限られている点か

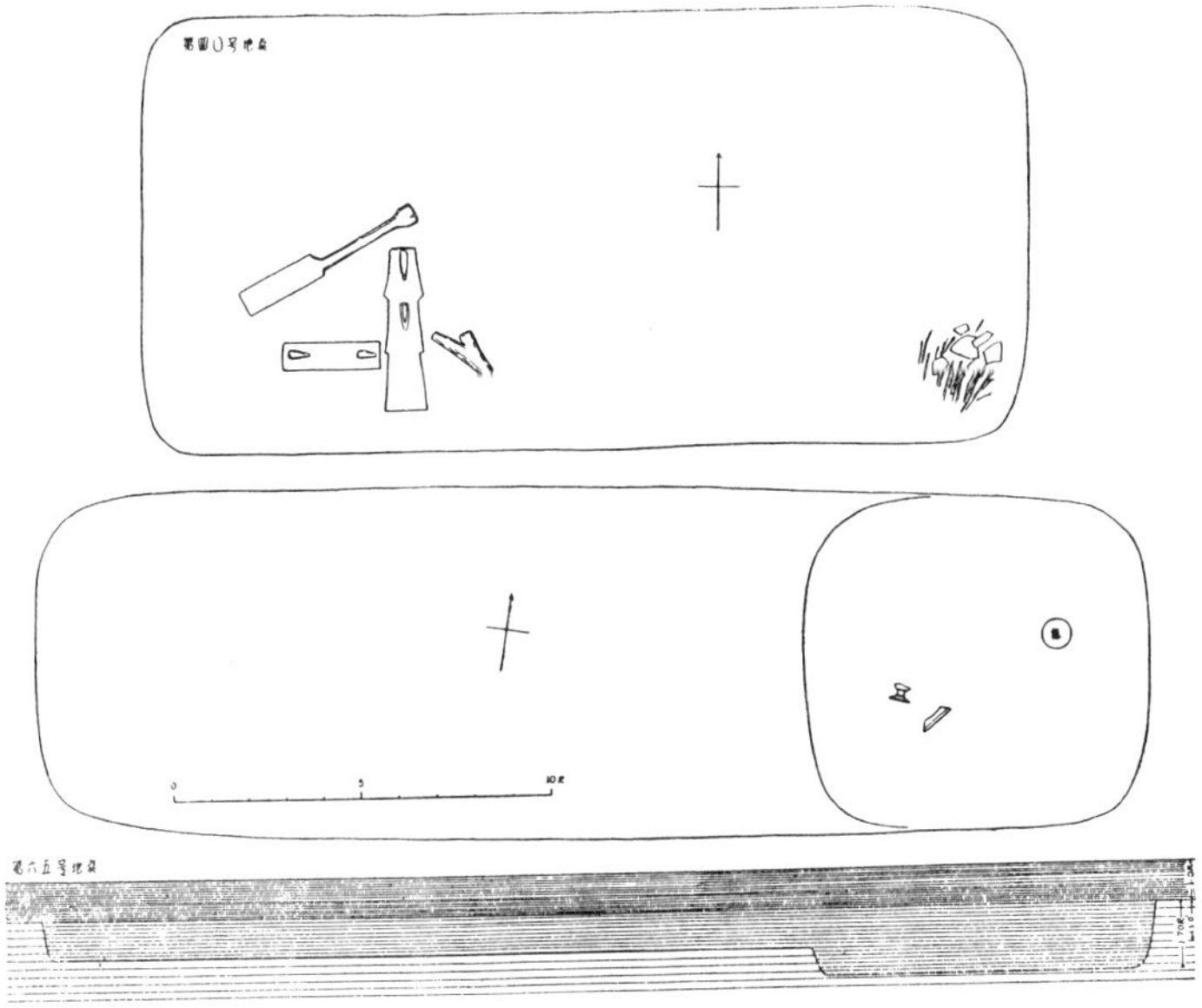

図11　弥生時代前期の竪穴（第１次）

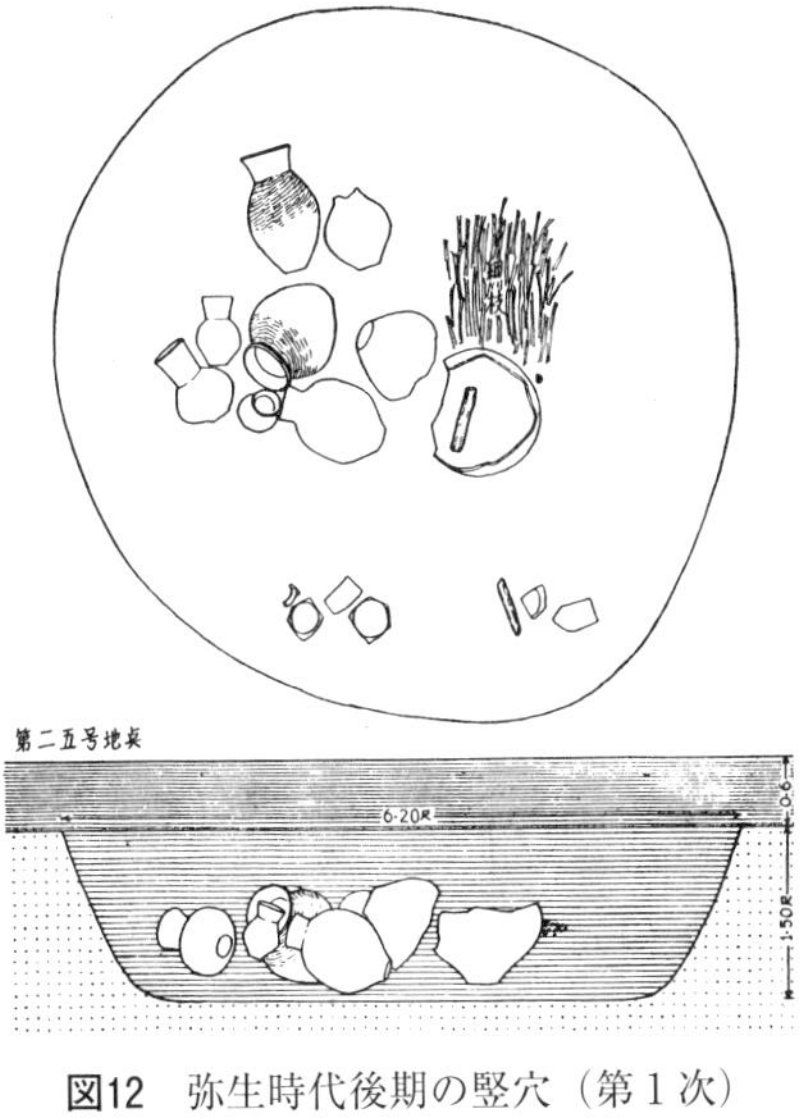

図12　弥生時代後期の竪穴（第１次）

ら、この竪穴の目的もまた、食物を容れた土器を収容するにあった」とし、住居用と貯蔵用の二つであるとした。おそらく、末永の頭の中には、今の現場では水浸しであったとしても当時の「竪穴」の中には水が湧いていない状況を想像していたのではなかろうか。だから、大きさと遺物の出土状況から屋蓋の構造を有する納屋と貯蔵穴という帰結になったのであろう。

その後の発掘調査でも、唐古池で検出された大小の「竪穴」に類似する土坑を多数検出している。それらの成果を総合すると、竪穴（土坑）内の土の堆積状況は粘土質で、有機質遺物の残存状況が良好である。まさに第1次調査で、多種多様な遺物を含んだ竪穴と同じ状況が復元されるのである。このような遺物のあり方は、竪穴（土坑）内は乾燥・湿潤を繰り返すような環境ではなく、つねに水があるような滞水状況であったことが推測できるのである。このような穴の中の堆積状況をもう少し厳密にみていくとさらに傾向がみえてくる。

まず、大型の竪穴（土坑）であるが、時期的には弥生時代前期のものが大多数で、穴の大きさは一辺二～三メートルの方形や長方形、深さが一・五メートルほどである。深さについては、第1次調査で検出された竪穴（土坑）は、池築造時の削平と国道用採土による削平で〇・五～一メートルは浅くなっていると考えられるから、ほぼ現在の調査のものと同様であろう。また、現在の調査から遺物の出土状況は、二大別される。一つは、穴の底近くから鍬や鋤、手斧の柄、容器などさまざまな製作途中の木製品が出土し、さらにその上に植物腐植土層が堆積し、その土層内に土器や石器・木製品などのなど破損品が含まれる場合。他方はカシ材の小さな断片のみ、あるいはほとんど遺物を含まないで、黒色粘土や緑青色シルトなどの土壌の堆積で濁りのないピュアな土がブロック状に堆積している場合である。この前者の場合が、まさに第1次調査で検出された前期の竪穴の遺物の出土状況と同じなのである。

これらの状況から、ひとつの仮説が導き出される。水が滞水していたと想定されることから納屋

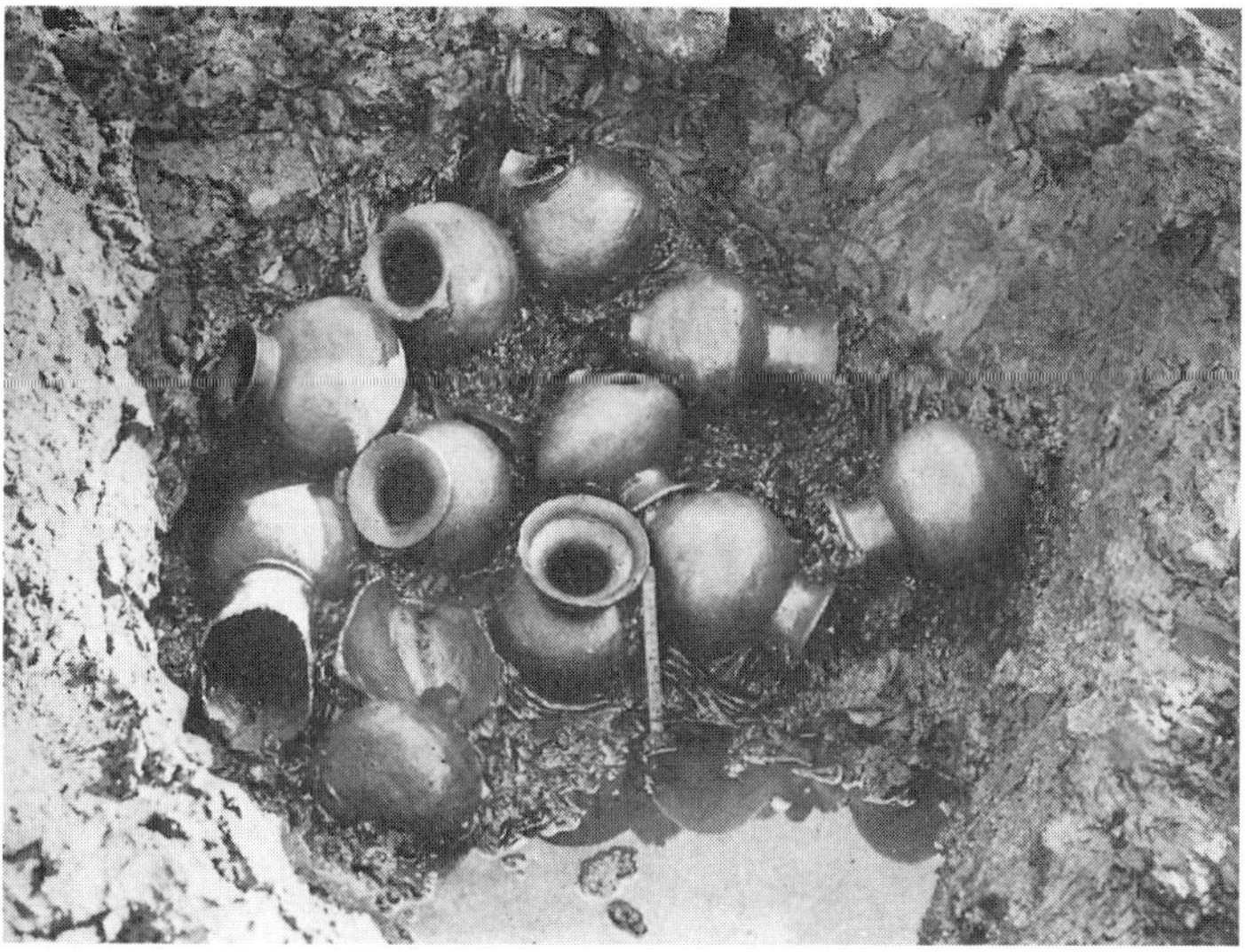

図13　弥生時代後期の45号竪穴（第1次）

的なものでなく、また仮に納屋ならば柱穴があるはずだが見つかっていないことから、建物的な施設とは違うだろうと推測できるのである。そして、竪穴（土坑）の性格を判断できる重要な遺物は、土坑底にあるが、その出土状況といえば、底直上から農具等木製品の未成品やカシの原材が出土する場合とそうでない場合の二つである。第1次調査においても、「完形を存する土器や木製品類は主として竪穴の下部近く」から出土していることが示されており、現在の竪穴（土坑）と状況は同じと思われるのである。これらのことから、このような土坑は作りかけの木製品（未成品）を水浸け保管しておく貯蔵穴と考えられるのである。一方、遺物を含まない場合のものは、それら製作途中品の木製品がすでに取り出された後の穴であって、その直後に穴を埋めたと考えられる。したがって、埋めるための土は、人が住む以前の地面の黒色粘土や緑青色シルトのピュアな土壌で埋められることになったのである。

　他方、小型の竪穴（土坑）もその後の調査で多数検出している。これらの穴の特徴は、完形の壺が穴の底近くから出土することで、第1次調査で検出された七〇号竪穴や第四五号竪穴（図13）などとよく類似している。これらの穴は、現在の遺構検出面からすると、上部の直径は一〜二メートル、深さは二メートル前後の大きさで、円筒状を呈している。これは、深さや形状から、井戸そのものであり、これら完形の土器は井戸に供献されたものと推測できる。供献された土器は、弥生時代後期では長頸壺、中期後半では水差形土器であり、用途的にも水との関わりを示すもので、竪穴（土坑）の性格を推測する上の一助になろう。

　第1次調査において、竪穴（土坑）以外に検出されている三条の砂層堆積の自然流路についても詳述しておく。「南方砂層」と「中央砂層」が弥生時代前期に属し、「北方砂層」は弥生時代中期のものである。調査に参加した藤岡謙二郎は、この三条の砂層堆積のうち前期の二条は、当時の初瀬川の流路で洪水を示すほどのものでないとするのに対し、中期の北方砂層は、その北側に位置する第二二号竪穴がこの北方砂層に起因する砂層の流入によって廃されたと認められることから、氾濫によるものであることを推測している。

　その後の調査では、老朽ため池の護岸工事にともなう事前調査として、池北西側を第18次、東側を第23次、南東側を第26次、西側・南西側を第37次、南側を第51次として実施した。これら調査の全体的な成果は後述するとして、第1次調査で検出された砂層堆積のうち、北方砂層は東西両堤防下の調査で確認できたが、南方砂層と中央砂層については不明な点が多い。堤防南側では南方砂層の一部を確認したが、その延長であるはずの西側の調査では見つかっていないし、堤防東側の第23次調査では中央砂層が検出されるはずであるが、その一部らしき砂層は見つかったものの報告にみられるような前期の砂層堆積の様相とはやや異なる感があり、判然としない。南方砂層は、最終堆積が第Ⅱ様式であることからも堤防南側で検出した砂層堆積の成果と一致しており、それからすると、南方砂層は、北西方向に走行するのでなく、池を北方向に縦断していた可能性があり、中央砂層とよばれているものと同一の可能性も出てくる。遺跡が形成された堆積土層は、粘土と砂層の複雑な互層堆積であり、集落形成以前の砂層とそれ以降の砂層が混合している可能性もあり、総合的な判断をすると、唐古池内部には前期に北流する南方砂層と南東から北西方向に走行する中期後半の洪水層である北方砂層が存在した可能性が高いのである。

　このように、第1次調査において報告された遺構の状態や検出された竪穴（土坑）、砂層堆積を現在の調査成果から再検証してみると、次のようになるであろう。

　一つ目は唐古池築造時のことである。池内部の遺構は、江戸時代後期の池築造時に〇・五メートル前後の削平を受けたと推測される。この唐古池築造以前の中世においては、耕作地と若干の屋敷地が展開しており、池築造にともなう削平は中世の耕土層や床土層のすべてと、弥生時代の遺物包含層と遺構の上部であったと思われる。当時においてもたくさんの土器や石器が掘り出されたと思われるが、地元にはなんら記録が残されていないのは残念である。この池築造にともなう削平が必要最低限であったことは不幸中のさいわいであった。また、その後、当地が水没したことは木製品や獣骨など遺物の保存上、よかった点である。

二つ目は遺構の変遷である。集落が形成され始めた弥生時代前期の当初には幅一〇メートルほどの自然流路があって、その周辺に木器貯蔵用の穴がたくさん掘られていたようである。その後、中期から後期を経て古墳時代後期に至るまで井戸や性格不明の土坑が多数つくられた。その間には、弥生時代中期後半に池の北端を横断するような洪水層がみられた。

約三カ月におよぶ調査であったが、集落消長の重要な部分はおさえられたといえよう。残念なことは、環濠を含め多数存在したであろう溝や柱（穴）が確認されていないことである。これは工事中の立会いのような断面観察による遺構検出の状況からすれば致し方ないであろう。

Ⅲ　唐古・鍵遺跡の古環境と弥生時代の奈良盆地

1　古代以前の風景

唐古・鍵遺跡が立地している奈良盆地についても少し触れておこう。奈良盆地は、奈良県の北西部にある東西一五キロ、南北二〇キロほどの小さな内陸盆地で、約五〇〇万年前に形成されたという。周囲の山々からの諸河川が標高四五メートルほどの盆地中央部で集まり大和川となり、大阪（河内湖）へと西流する。大河川がないことから、比較的安定した土地形成がなされた土地といえよう。

盆地周辺部の山塊との傾斜変換線はおおよそ標高一〇〇メートル前後で、標高四五メートルから一〇〇メートルまでの比高差約五五メートルに多くの弥生遺跡や古墳、古代遺跡が存在している。まさにここを舞台に原始・古代の歴史的なドラマがいくつも展開した土地なのである。特に盆地南部には飛鳥藤原の宮、北部には平城京が置かれ、国都として栄え、それよりさかのぼる古墳時代には盆地東辺部の山の辺の道あたりに大王級の巨大古墳が築造され、初期ヤマト政権発祥の重要な地域になった。このような地理的・歴史的な特性をもつ奈良盆地の中央部は、

「国中《くんなか》」としてよばれている地域にあたる。

この国中の風景、現在では開発が進み水田風景が少なくなったが、昭和四〇年代までは整然とした水田区画のなかに集村形態の農村が広がっているのが各所で見られた。この水田区画は「条里制」とよばれるもので、古代以降に奈良盆地の大半を東西南北約一〇九㍍区画に整備したものである。言い換えれば、大規模に「圃場整備」されたということである。したがって、この条里制施工以前と以降では、奈良盆地の風景はまったく異なっていたと推定できるのである。

条里制施工以前は、河川や微高地（集落）、低地（水田）は盆地南部にあっては東南から北西方向、盆地北部にあっては北東から南西方向に沿っていた。それが耕地化されることで、高い所は削られるとともに蛇行していた河川が堤防で流路方向を制御され、土地が平準化された。奈良盆地は、他の地域にくらべてかなり早い段階から耕地化されてしまい、原始時代の原風景を失ったといえるだろう。私たちは、現在の風景を払拭し弥生時代のイメージをつくる必要があるのである。

2　唐古・鍵遺跡の地形復元

唐古・鍵遺跡は、奈良盆地のほぼ中央、寺川と初瀬川に挟まれた標高四七〜四九㍍の沖積地に立地している。現在は、遺跡の西部を南北に縦断する国道が敷設され、遺跡の北部と西部に唐古と鍵の集落が、遺跡中央部に唐古池が、遺跡南部に小学校と幼稚園が造られているが、他は豊かな水田地帯となって広がっている。奈良県の弥生遺跡の中では比較的開発から逃れられた遺跡のひとつであろう。

すでに述べたようにこの田原本町あたりも整然

とした条里制水田が広がっており、古代より農耕地として開拓されてきたことがわかる。標高四五～六〇メートルの田原本町各所を発掘調査すると、現在の水田下約〇・五メートルで古代以前の地層にあたる。すなわち、この現地表から〇・五メートルほどが、古代・中世・近世・現代の各時代に営まれた地層ということでほとんど堆積しておらず、逆に弥生時代の地面がかなり削られている地域が存在することがわかってきたのである。したがって、この田原本町付近も古代以前はかなり凸凹のある地形であったといえる。唐古・鍵遺跡でも現在の水田から〇・五メートル掘り下げると、全面に弥生時代の遺物包含層である黒褐色土層が現れ、この土層から下約〇・四メートルが弥生時代数百年の人びとの営みが蓄積された土層となる。

　これに対し、唐古・鍵遺跡の西南方二キロにある弥生遺跡の保津・宮古遺跡では水田下〇・五メートルで弥生時代以前の黄褐色粘土層が現れ、弥生時代以降の遺物包含層の堆積がまったくない。このことは、深く掘り込まれた井戸や溝などの遺構が削平を受けても残ったということで、〇・三～一メートル前後は削られたことを示している。さいわいにも唐古・鍵遺跡の場合は、弥生時代の堆積層はあまり削られておらず、黒褐色土層が東西六〇〇メートル、南北六〇〇メートルの不整円形に拡がっている。これがほぼ遺跡の範囲を示しているのである。しかしながら、黒褐色土層の標高も詳細にみれば高低差があり、東南から西北方向に緩傾斜した微高地上に集落が経営されていることが判明している。

　この唐古・鍵遺跡あたりの地形については高橋学の研究があり、〇・一メートルの等高線を遺跡地に走らせ、微地形復元を試みている（図14）。この成果図をもとに発掘調査で得られた遺構を重ね合わせると、土坑などの遺構分布の密度が高いところ

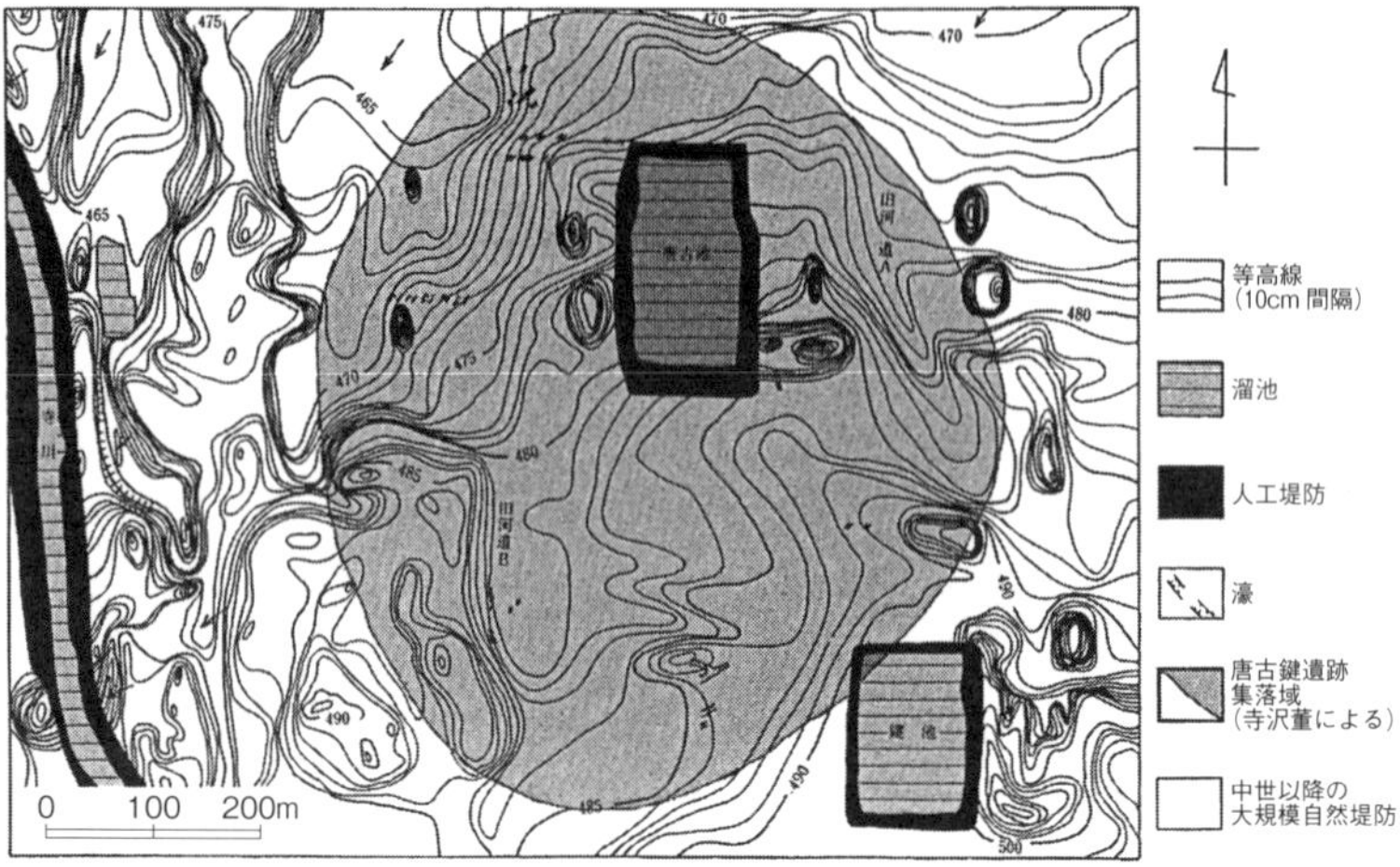

図14　唐古・鍵遺跡の微地形復元（高橋学『平野の環境考古学』より）

は微高地で、環濠や区画大溝が掘削されているところは谷地形になっている。すなわち、弥生の人びとは地形に沿った形で集落を営んでいたということであろう。平坦にみえる水田地も微地形復元を試みれば、集落や河川など古代以前の地形も相当わかる可能性がある。唐古・鍵遺跡は、微高地をうまく利用して集落形成を図っているが、前述の保津・宮古遺跡のように弥生時代の土層は削られていないことから、立地としては保津・宮古遺跡より条件的に低い所であろう。このような唐古・鍵遺跡の立地環境は、水田可耕地が近くに存在するような微高地であり、そこに集落を営なんだということであろう。

3　奈良盆地の弥生遺跡

奈良県の弥生遺跡あるいは弥生土器の出土地

は、現在六〇〇遺跡以上確認されており、その多くはこの奈良盆地内の沖積地に立地し、規模も大きい。近年では奈良盆地の南西部に位置する葛城地域の扇状地下で弥生時代前期の集落や水田が検出されつつあるが、盆地内ほど濃密な分布を示すことはないであろう。

奈良県内の弥生時代の遺跡としては、集落や墓地、水田、銅鐸埋納地があり、なかでも集落遺跡が最も多く見つかっている。集落遺跡は、弥生時代前期・中期・後期という短期間のみ営まれた集落と、前期から後期まで途絶えることなく継続的に営まれた集落がある。特に後者の集落は「拠点集落」とよばれ、その拠点集落が核となってその地域の開発がなされた。また、その集落を中心に衛星集落（前者の短期間の集落）が構成されているのである。したがって、これらの拠点集落の動向が弥生時代の地域史を考える上で重要になってくるのである。

奈良県内における拠点集落は一〇カ所ほどで、奈良盆地北部に奈良市佐紀遺跡（平城京下層）、中央部に天理市平等坊・岩室遺跡、田原本町唐古・鍵遺跡、保津・宮古遺跡、多遺跡、南部に橿原市中曽司遺跡、坪井・大福遺跡、四分遺跡（藤原京下層）、桜井市芝遺跡がある。また、葛城地域では御所市鴨都波遺跡がある。いま列挙した遺跡以外にも前期から後期まで継続している遺跡があるかもしれないが、遺跡内容が把握されているものが少なく、集落の規模や出土遺物量の点からおおむね上記一〇遺跡を拠点集落として考えてよさそうである。

拠点集落のうち、盆地中央部から南部に位置する平等坊・岩室遺跡、唐古・鍵遺跡、多遺跡、中曽司遺跡、坪井・大福遺跡が集落規模からして最も大きく、多重環濠集落を形成していたようであ

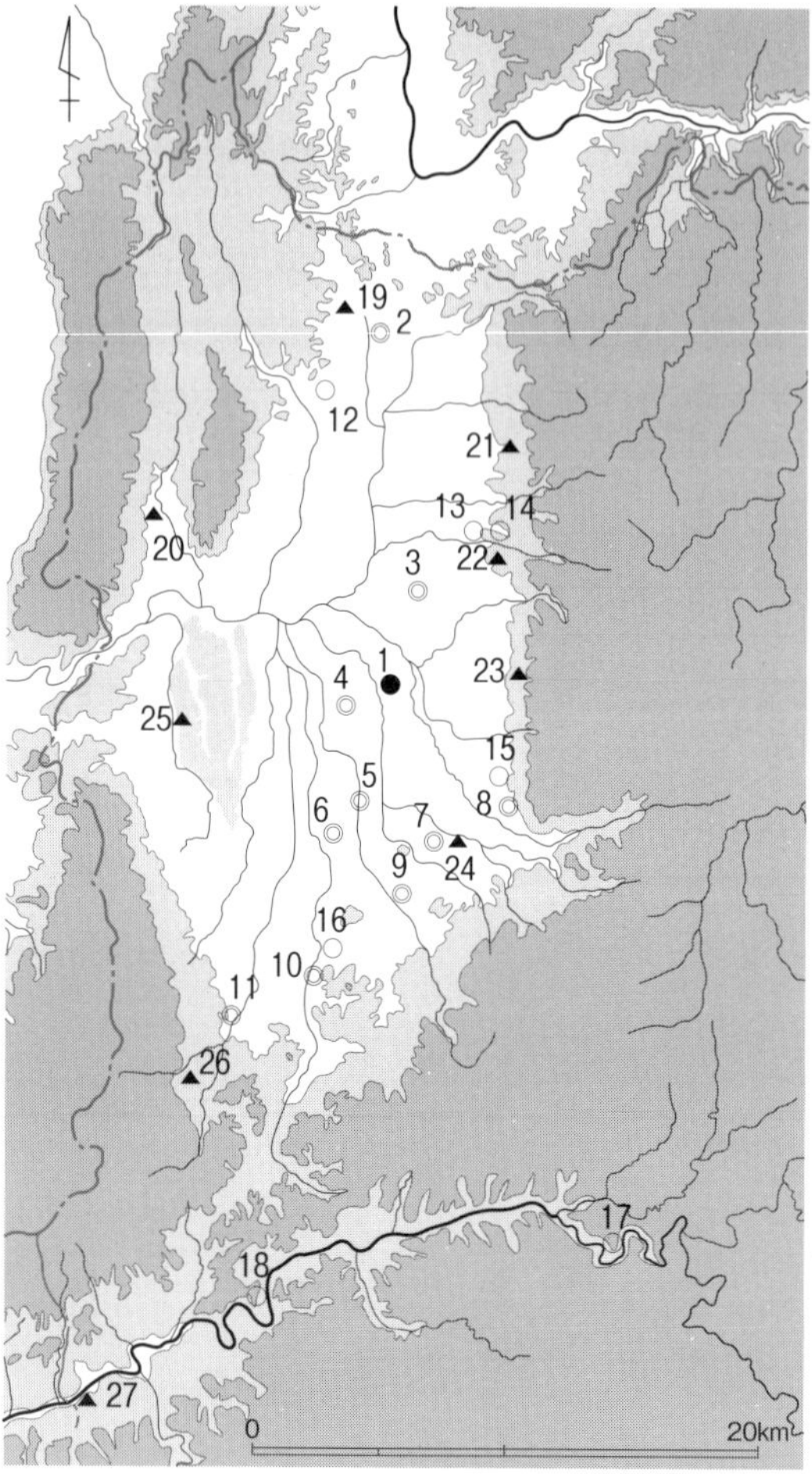

◎ 拠点集落
○ 短期集落
▲ 銅鐸出土地

1.唐古・鍵遺跡
2.佐紀遺跡
3.平等坊・岩室遺跡
4.保津・宮古遺跡
5.多遺跡
6.中曽司遺跡
7.坪井・大福遺跡
8.芝遺跡
9.四分遺跡
10.一町遺跡
11.鴨都波遺跡
12.六条山遺跡
13.長寺遺跡
14.東大寺山遺跡
15.纒向遺跡
16.忌部山遺跡
17.宮滝遺跡
18.原遺跡
19.秋篠銅鐸出土地
20.初日山銅鐸出土地
21.山町銅鐸出土地
22.石上銅鐸出土地
23.竹ノ内銅鐸出土地
24.大福銅鐸出土地
25.観音山銅鐸出土地
26.名柄銅鐸出土地
27.火打野銅鐸出土地

図15　奈良盆地の主要弥生遺跡分布図

る。これらの集落は、標高五〇～六五メートルの低地部に立地しており、弥生時代において最も水田耕作に適した場所の周辺に展開していたと推定されるのである。これらの拠点集落の中で、その実態が最もよくわかっているのが唐古・鍵遺跡である。唐古・鍵遺跡については後述するので、その他の遺跡について唐古・鍵遺跡と比較しつつ概観してみよう。

平等坊・岩室遺跡は唐古・鍵遺跡の北北西三キロ、標高五二メートル前後の沖積地に立地する弥生時代前期古段階からの集落である。唐古・鍵遺跡同様、弥生初期に集落形成が始まった点で注目され、その後、中・後期には多重環濠集落となり、古墳時代前期にも集落が継続するなど唐古・鍵遺跡と共通点の多い集落である。銅釧や分銅形土製品など注目される遺物もあり、調査次数は三〇数次程度であるが、重要遺跡のひとつである。

この集落は、中期後半段階に最も発展するようである。居住区の範囲はおおよそ東西南北三〇〇メートルで、北西側には多重環濠（環濠帯）が形成されていた。また、集落の北東二〇〇メートルにある前栽遺跡の第4次調査では方形周溝墓群が検出されており、集落の外側に墓域を形成するという位置関係がわかりやすい遺跡である。

多遺跡は、唐古・鍵遺跡の南方三・五キロに位置し、標高五〇メートルほどの沖積地に立地する弥生前期からの集落遺跡であるが、その中心には延喜式内社「多坐弥志理都比古神社」が鎮座し、その末社には古事記編纂者太安万侶を祀っていることでも有名である。弥生前期末には環濠を有することや、中期後半には集落の北東側に多重環濠が掘削されるとともに北西二〇〇メートルには墓域（矢部南遺跡第2次調査）が形成されるなど、盆地低地部の拠点集落として共通の様相を有している遺跡である。

坪井・大福遺跡は、唐古・鍵遺跡の南南東五キロに位置する。当初、坪井遺跡と大福遺跡に分かれていたが、調査が進むにつれて大福遺跡の西方の一部と坪井遺跡が一つの集落を形成すると認識されるようになった。遺跡は、縄文時代晩期（土器棺墓群）から始まっており、集落内にこの時期の遺構が伴う点で唐古・鍵遺跡や平等坊・岩室遺跡とは異なる。しかし、唐古・鍵遺跡では集落内で縄文晩期の土器が出土し、平等坊・岩室遺跡では縄文晩期の前栽遺跡が隣接するなど、弥生集落成立段階の環境は類似していたかもしれない。

坪井・大福遺跡は、残念ながら橿原市と桜井市の両市にまたがる遺跡のため、その実態はやや不明な点もあるが、唐古・鍵遺跡や平等坊・岩室遺跡と同様に前期の古い段階に成立し後期まで営まれる拠点集落で、集落の西側では多重環濠が検出されている。中期後半の居住区は直径三〇〇メートル前後と推定され、集落の西側二〇〇メートルあたりでは方形周溝墓が検出されている（大福遺跡第26・28次調査）。後期には、集落の中心が東側の大福遺跡に移動した可能性もあり、大福遺跡では青銅器鋳造関連遺物が出土している。

このように唐古・鍵遺跡の周辺に展開する弥生時代の拠点集落の状況は、遺跡規模や遺構遺物の量・質に差があるとはいえ、盆地低地部にあって環濠らしき大溝を有する点や墓域の内容などは同じようであったといえよう。このような点からすれば、最も調査が進み内容が判明している唐古・鍵遺跡を知ることによって、他の遺跡も理解しやすくなるのである。

Ⅳ　遺跡調査のあゆみ

唐古・鍵遺跡の調査は、一九三六・七年の唐古池の調査以前にも森本六爾らによる小規模な調査があったが、この大規模な唐古池の調査を第1次として二〇一二年一月までに一一二次に及ぶ調査が行われてきた（各調査の概要は巻末の調査年表を参照）。この一一二回に及ぶ調査は、期間の長短や面積の大小、調査原因や成果もさまざまであるが、七五年もの調査の歴史をもつ弥生遺跡はきわめて少ない。この唐古・鍵遺跡の調査の歴史は、遺跡保存への歩みを示すとともに、弥生研究との関わりにおいても重要である。唐古・鍵遺跡の調査のあゆみを通して、どのように遺跡が把握されてきたのか、また、唐古・鍵遺跡の出土品が弥生研究に与えてきた影響や他の弥生遺跡の理解にはたしてきた役割などで区分し、四つの段階にとらえると理解しやすい。

第一期　第一期は「遺跡保存へのはじまり」である。すでに述べたように一九七七年に再開された第3次調査は遺跡実態を解明する出発点となったもので、その後一九八二年の第12次調査まで、寺澤薫を中心とした奈良県立橿原考古学研究所によって、主として遺跡の範囲を特定するための調査が行われた。この段階は遺跡範囲の特定が目的であったが、まだ巨大な象の背中をなでているようなもので、遺構の密度や継続時期、遺物包含層の有無や厚さ、環濠の特定など資料の蓄積の時期といえよう。

これらの調査を総合すると、遺構としては集落の南限を示す環濠の検出（第3次）、古墳時代前期の土坑や中世井戸の確認（第5次）、集落の東限の様相を示す中期の砂層堆積（第7・9次）、集落の北から西側に展開する前期の土坑群の確認（第8次）、中世「唐古（南）氏」を推測させる大溝の検出（第8次）、集落西側に展開する前期土坑群と中世「唐古（南）氏」関係の井戸・大溝の追認、前期のドングリピットの検出（第11次）、集落の北側の環濠の検出（第12次）などがあげられる。遺物としては、銅鐸鋳型を初めとする青銅器鋳造関連遺物・多量の農具未成品（第3次）、古墳時代前期の丹塗り磨研土器・糞石（第5次）、弥生時代前期の彩文土器と箕（第8次）、鶏頭形土製品・穂束（第11次）など着実に資料が蓄積されていったことが読み取れるのである。

これら第3次から第11次までの調査を牽引した寺澤は、自らの四年にわたる調査を振り返って、次のように報告書にまとめている。「調査が一定の成果を得て、農業水路工事が本格化するという今、唐古・鍵遺跡は新たな試練と転換の時期にきたように思える。……唐古・鍵遺跡はその規模・内容・学史的な意義だけでなく大和において現集落とほとんど重複しない、かつ開発の波を真向から被っていない弥生時代の拠点的な母集落である。……いま遺跡が要求している最大の保護策とはまず史跡指定にもちこむことにほかならないのである」。寺澤の遺跡に対する熱い思いが伝わってくるとともに、遺跡が次の段階を迎えようとしていることも予見している。

第二期

第二期は、調査機関がこれまでの奈良県立橿原考古学研究所から地元の田原本町教育委員会に移管され始まった第13次調査（一九八二年）から第33次調査（一九八八年）の遺跡範囲確認を主とする調査である。この段階は、地権者の発掘調査へのご理解のもと積極的な調査が可能となり、飛躍的に遺跡範囲が特定されていった。

集落の北西から北側環濠（第13・15・19・29次）、北側から北東側の環濠（第23～25・27・28次）、南側の環濠（32・33次）を検出したことにより、現在の鍵集落内部を除く場所で環濠集落の範囲をおさえることができた。これによって遺跡の範囲は、東西六〇〇メートル・南北六〇〇メートルで、その面積は約二五～三〇万平方メートルに及ぶ大集落であることが明らかになった。ただし、この規模は後の調査によってさらに拡大されることになる。環濠は中期前葉から後期末まで維持されること、中期末に洪水層によって環濠が埋没すること、後期末には多量の土器をもって埋めていることなども判明した。また、上記の調査以外でも集落内部についての情報が多く蓄積されていった。中・後期の多くは素掘り井戸だが、大木を刳り貫いた井戸枠（第23次）や土器を井戸枠とした集水施設の存在（第17・19・20次）なども確認され、清水《せいすい》確保の手段を知ることになった。前期の木棺墓の検出（第23次）も大きな成果であった。

遺物では、鞘入り石剣・異形高坏・ケヤキの大木・イノシシ下顎七個体分の集積（第13次）、弧帯紋風の土器片・小型青銅鏡（第14次）、耳成山産流紋岩製石庖丁と未成品・原石（第16次）、吉備の大壺・ヒスイ製丸玉（第19次）、多量の卜骨（第20次）、多量の伊勢湾岸地域から搬入土器（条

図16　末永の記念講演

痕文土器）・独鈷石・大形壺の絵画土器（第22次）、矛形木製品・巴形銅器・布切れ・縄（第23次）、刻み鹿角（第24次）、細形銅矛片・木製戈・大形管玉（第33次）などが出土し、唐古・鍵遺跡の多様な一面を示すとともに拠点集落の内容が徐々に明らかになっていった。

この間には、第1次調査から数えて五〇年を迎え、それを記念する講演会とシンポジウムが地元の田原本町中央公民館で一九八六年に開催された。第1次調査を担当した末永の記念講演（図16）もあり、当時、地元の田原本町で開催したことは遺跡保存の気運を高める上で大きな成果となった。これら一連の流れのなかで、田原本町は奈良県内の市町村の中でもいち早く一九七七年に埋蔵文化財担当者を配置し、一九八七年には文化財保存課となり、遺跡保存へ取り組む行政的な体制が作られていく。遺跡保護の上でも大きな成果であったといえよう。これは、発掘調査の成果だけでなく、行政面の両輪が噛み合ってこそ遺跡の保存事業がうまくいくことを示している。

第三期

第三期は、第34次調査（一九八八年）から第60次調査（一九九六年）までの一〇年間の調査である。農業基盤整備事業（用水路や農道の改修、老朽溜池の改修）や北小学校施設の建設にともなう事前調査が主たるものであった。この段階では、遺跡内部各所での調査が進展したことで、集落の実像がかなりわかってきた。特に遺跡中央部を縦断するような調査（第37・

50・53次）や集落内部の調査（第38・44・51・58次）、環濠部分からその内部である居住区の調査（第34・35・40～42・47～49・52・55・59・60次）、環濠から外の部分の調査（第36・39・43・45・54・56・57次）である。これらの調査によって、集落の地形と遺構分布状況、多条環濠の変遷や環濠集落周辺の環境が把握できるようになり、大集落の実像が認知されるようになった。

この間の最大の成果は、北小学校のプール（第40次）と体育館の建築（第47次）にともなう事前調査である。唐古・鍵遺跡の南東側の環濠群とそれらにかかる橋脚を検出したことでムラの出入口が判明し、また、第47次調査ではその後の土器洗浄作業において楼閣の描かれた土器片が見つかったのである。この楼閣の描かれた土器片は、一九九二年全国紙の一面に掲載され、大きな反響を生んだ。この絵画土器の詳細は後に述べるとして、この出土によりこれまで以上に注目される遺跡となったのである。そして、一九九四年にはこの絵画土器をもとに楼閣を唐古池に建築し、遺跡保存へと傾倒した。また、一九九六年には唐古・鍵遺跡発掘六〇周年記念展を奈良県立橿原考古学研究所附属博物館と田原本町の共催で実施し、これまでの成果を総括するとともに周知することになった。

第四期

第四期は、第61次調査（一九九六年）から現在に至る112次調査（二〇一二年）までである。この第61次からの調査でその中心となったのは、史跡指定に向けての遺跡の内容確認調査で、98次調査まで八年間で一一件（第61・65・69・75・78～80・84・89・93・98次）の調査であった。これらの調査は、①南地区の青銅器鋳造地区等の解明、②東側環濠の確認、③西地区の内容確認、④中央部の内容確認を目的とする

表２　大和の土器様式

		大　和　様　式			既往編年	唐古・鍵遺跡の状況
弥生前期	前半	第Ⅰ様式	第Ⅰ－１	第Ⅰ－１－a	第一様式古	集落の成立
				第Ⅰ－１－b		
	後半		第Ⅰ－２	第Ⅰ－２－a	第一様式中	
				第Ⅰ－２－b		
弥生中期	初頭	第Ⅱ様式	第Ⅱ－１	第Ⅱ－１－a	第一様式新	木棺墓（第23次）
				第Ⅱ－１－b		
			第Ⅱ－２			大型建物（第74次）
	前葉		第Ⅱ－３	第Ⅱ－３－a	第二様式	
				第Ⅱ－３－b		環濠集落の成立
	中葉	第Ⅲ様式	第Ⅲ－１		第三様式古	大型建物（第93次）
			第Ⅲ－２			
			第Ⅲ－３		第三様式新	
			第Ⅲ－４			
	後葉	第Ⅳ様式	第Ⅳ－１		第四様式	環境の多条化
			第Ⅳ－２			洪水による被害
弥生後期	初頭	第Ⅴ様式	第Ⅴ－１		西の辻Ｎ式	ムラの再建
			第Ⅴ－２		西の辻Ｄ式	
	前半	第Ⅵ様式	第Ⅵ－１		西の辻Ⅰ式	
			第Ⅵ－２			
	後半		第Ⅵ－３		西の辻Ｅ式	方形周溝墓（65・77次）
			第Ⅵ－４			環濠の埋没
古墳前期		庄内式				集落の衰退
		布留	布留０式			環濠の再掘削
			布留１式			

もので、これまで遺跡内容が未確認であった部分を重点的に実施し、各地区で大きな成果があった。このような一連の流れのなか、一九九九年一月に国史跡の指定を受けるとともに、これを記念して講演会とシンポジウムを開催した。また、これらの調査以外でも第74次調査において最古級の大型建物跡が検出されるなど、唐古・鍵遺跡の重要遺跡としての認識がさらに高まり共有されることとなった。

このように唐古・鍵遺跡の調査のあゆみをみると、第三期以降は毎年三～五件の調査が実施され、膨大な調査資料が蓄積されることになった。唐古・鍵遺跡の調査が再開され

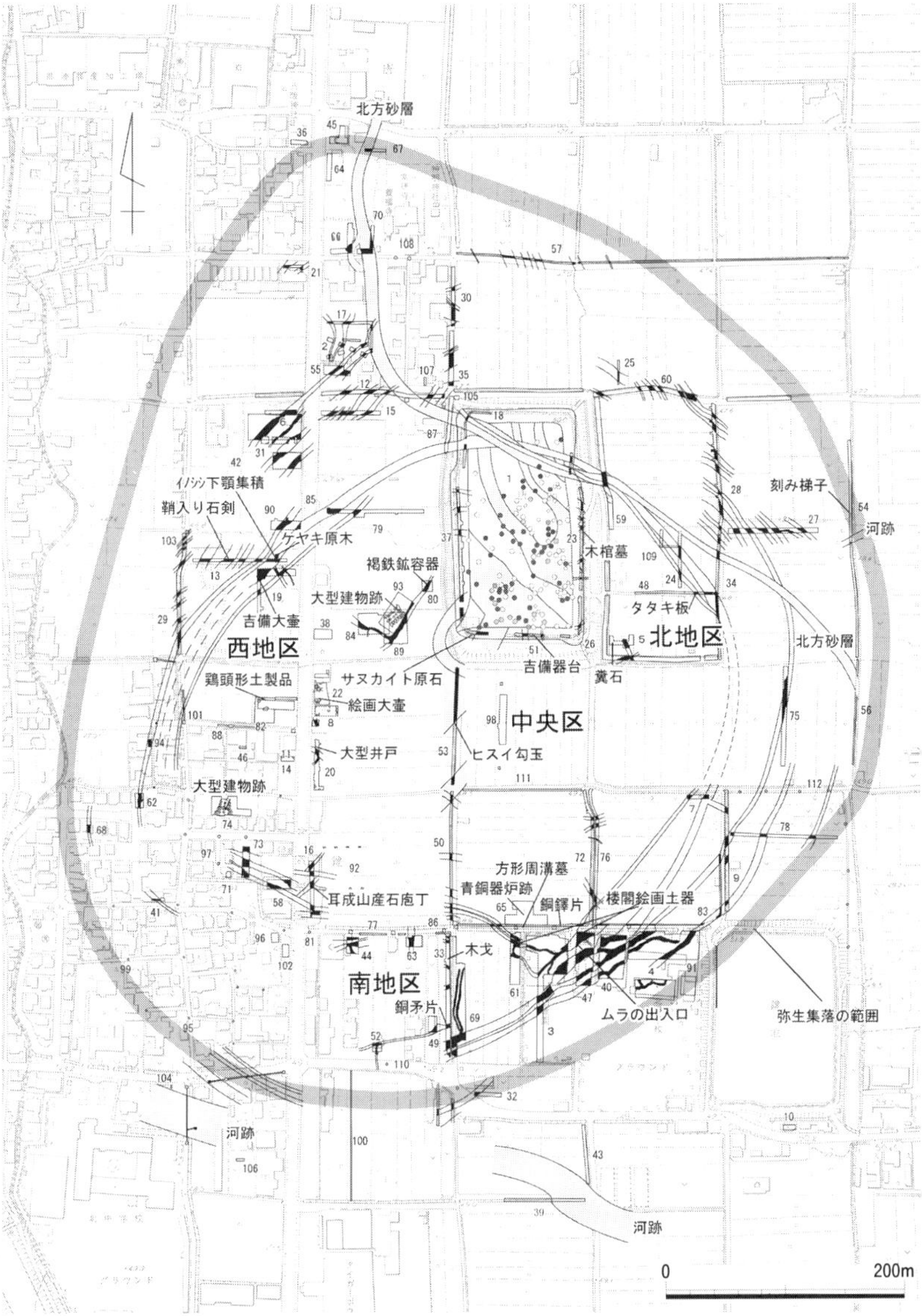

図17　唐古・鍵遺跡の調査と検出された遺構遺物

西地区	南地区		中央区		周辺集落・墓
遺物	遺構	遺物	遺構	遺物	
				大壷	
流紋岩原石(16次)	方形周溝墓(91次)	鑿に転用された細形銅矛片(33次)			
					清水風遺跡1次(方形周溝墓)
		天竜川流域の壷(50次)			
ケヤキ原木(13次)・ト骨(20次)			集水施設(大甕)		阪手東遺跡1次(方形周溝墓)
		大臼大甕井戸枠(69次)			
		木戈(33次)			
翡翠製勾玉を入れた鳴石容器(80次)		楼閣絵画土器(47次)・流紋岩原石(52次)		銅戈絵画土器(53次)	清水風遺跡1・2次・羽子田遺跡6次・八尾九原遺跡1次(掘立柱建物・井戸)
吉備産大壷(19次)	青銅器鋳造工房(65次)	青銅器鋳造関連遺物(3次ほか)	洪水層(53次)		
鞘入り石剣(13次)・翡翠製大形勾玉(53次)		楼閣絵画土器(61次)		翡翠製大形勾玉	
鶏頭形土製品(11次)	方形周溝墓(61・65・77次)	板状鉄斧(40次)			清水風遺跡2次・羽子田遺跡6次ほか・八尾九原遺跡1次ほか(掘立柱建物・井戸)/法貴寺北遺跡1次(方形周溝墓)
	井戸(40次)	木錘(40次)			
ヤリガンナ(74次)					
山陰系甕	土坑(3・69・76次)				清水風遺跡2次・法貴寺北遺跡2次 羽子田遺跡6次ほか(井戸)
子持勾玉(38次)					
形象埴輪		形象埴輪(40次)	前方後円墳(72・76次)	馬・人物・蓋形等埴輪・笠形木製品等	

※ゴシックは時期確定遺構・遺物、明朝は時期不確定遺構・遺物

表3　地区別調査成果表

時期			集落全体		北地区		
			遺跡・遺構	遺物	遺構	遺物	遺構
弥生時代前期	大和第Ⅰ様式	Ⅰ－1	集落の形成	彩文土器	南方砂層・中央砂層	集水施設(大壷・17次)	
		Ⅰ－2			木器貯蔵穴群		木器貯蔵穴群
弥生時代中期	大和第Ⅱ様式	Ⅱ－1			木棺墓(23次)	糞石(5次)	西地区の環濠(41次)？
		Ⅱ－2		伊勢湾岸地域産の土器		麻布切れ(23次)	大型建物跡(74次)
		Ⅱ－3	大環濠の掘削		大木刳貫井戸(1次)		
	大和第Ⅲ様式	Ⅲ－1			大形井戸	サヌカイト原石(37次)	大形井戸(20次SX-101)
		Ⅲ－2					大型建物跡(93次)
		Ⅲ－3	環濠の多条化 洪水層		大木刳貫井戸(23次)	結晶片岩製石庖丁埋納(59次)	
		Ⅲ－4					
	大和第Ⅳ様式	Ⅳ－1		絵画土器			
		Ⅳ－2	洪水層・環濠の埋没		北方砂層		結晶片岩製石庖丁集積(13次)
弥生時代後期	大和第Ⅴ様式	Ⅴ－1	環濠の再掘削			吉備産器台(51次)	
		Ⅴ－2					
	大和第Ⅵ様式	Ⅵ－1		記号土器			
		Ⅵ－2					
		Ⅵ－3	環濠の放棄				
		Ⅵ－4		盆地東南部産の土器			
古墳時代初頭	庄内式	0式					
		1式					
		2式	環濠再掘削				方形周溝墓(74次)
古墳時代前期	布留式	0式				丹塗り壷・槽(5次)	
		1式			大形土坑・井戸・溝	刻み鹿角(24次)	井戸
		2式					
古墳時代中期			集落の形成		大形井戸(59次)	馬骨・田下駄・腰掛・手網・子持勾玉(59次)	
古墳時代後期			古墳群の形成		土坑(1・59次)		方墳(11・19・20・84次)

た第3次調査の時代とは隔世の感である。

調査総括　一一二次に及ぶ調査成果を総括すると、次のとおりである。

①遺跡面積：四二万平方メートル。
②遺跡の規模と形状：東西七〇〇メートル・南北八〇〇メートル、楕円形。
③調査面積：三万五二七一平方メートル（うち第1次約一万二〇〇〇平方メートルと推定）。
④遺跡の時代と性格：各時代別に、以下の通り。
弥生時代前期（縄文晩期土器もわずか）～古墳時代前期―集落。
古墳時代中期～古墳時代後期―集落。
古墳時代中期？～古墳時代後期―古墳群。
奈良時代～平安時代―集落（荘園）。
鎌倉時代～室町時代―屋敷（居館）。
江戸時代～現代―農地。
⑤遺物量：一万二八二七箱（3次～112次分、箱の大きさ幅四〇×奥行六〇×高さ一五センチで換算）

それでは次章より、唐古・鍵遺跡の弥生集落の内容について詳述しよう。なお、時期については土器型式を使用すると詳細な変遷を語ることができるので、近年の大和での土器編年で示すが、従来との対応関係を示しておく（表2）。また、大集落なので地区ごとの内容を図17・表3に示しておくので参考にしてもらいたい。

V　弥生集落の変遷と構造

唐古・鍵集落はおおむね次のような変遷をたどる。弥生時代前期前半の集落成立期（第一段階）、中期初頭の集落分立期（第二段階）、中期前葉の集落統合・大環濠掘削の大発展期（第三段階）、ここで一度洪水に見舞われ環濠が埋没するが、環濠を再掘削し、集落の再建期（第四段階）、古墳時代前期の集落衰退・大環濠消滅期（第五段階）という流れである。本章ではこの段階を追いながら、重要な遺構や遺物などはトピック的に取り上げつつ、唐古・鍵の弥生集落を発掘調査の成果をもとに詳述していく。

1　弥生集落の成立（第一段階）

唐古・鍵の地を最初に開拓した人たちは誰だったのだろうか。この遺跡の最も古い遺構と遺物は、第1次調査で検出された南方砂層とそこから出土した縄文時代晩期の凸帯紋壺と弥生土器、あるいは西地区にあたる第11・14・38・82次あたりで検出される土坑群やそれら遺物であろう。

これらの遺構・遺物は、土器編年で言えば「大和第Ｉ－１－ａ様式」にあたるもので、弥生土器のなかで最も古い型式のものである。この大和地域で最も古い弥生土器が多数出土し、それらにともなうようにごくわずかな縄文晩期の土器が出土しているのである。これは河内地域でも古くから指摘されていた現象で、大和地域でも同様であったとみてよいであろう。すなわち、多数の縄文晩期土器に若干の弥生土器がともなう、あるいは多数の弥生土器に若干の縄文晩期土器が共伴するという二つの様相を示す遺跡がこの時期に認められるのである。このような現象を縄文人と弥生人の棲み分け論として解釈されているのである。

唐古・鍵遺跡の場合、どのように解釈したらよいのであろうか。私は、最古の遺構と遺物のあり方が縄文晩期から除々に変化したとみるより、完成した形で定着したとみている。掘立柱建物（高床建物）の柱穴や農具などの製作途中の木製品を貯蔵する穴、また、稲作にともなう道具としての弥生土器や農具は、弥生時代のものとして完成していることから、新たに稲作農耕技術をもった人たちがこの唐古・鍵の地を開拓したと考えている。わずかな縄文晩期の土器は、これら開拓者の周辺にいた在来の人たちによるものだろう。唐古・鍵の地である標高五〇メートル《メートル》前後の低湿な沖積地は初期の農耕に適した土地であり、そこに完成された農業技術を有した多数の人たちが入植したと理解するほうが、初期の農耕集落として規模の大きい唐古・鍵遺跡にはふさわしい。唐古・鍵の人びとは、河内から大和川をさかのぼり農耕に適したこの地を選び開拓したということだろう。

初期（弥生時代前期初頭〜前半）の唐古・鍵の地は、その遺構分布から想像するに、西地区から北地区に微高地があり、ここに居住区や生産の場が展開する。唐古池の西南部から北上する南方砂層は、その後の第37次調査でも検出しており、イ

図18　縄文晩期の深鉢片と弥生前期の壺

ノシシの骨や土器など多量の遺物を含むものであり、居住区である微高地の周辺には、河が存在したと考えられる。また、遺跡の中央部は窪地（南方砂層の上流か）になっており、それを取り巻くように馬蹄形状に微高地が拡がっていたようであるが、中央部の様相はまだ不明な部分が多い。

今のところ、集落が成立した当初から環濠をもっていたとは考えられない。仮に溝があっても一部を区画あるいは排水するというようなものと想定される。むしろ、環濠をもたない集落として成立している可能性がある。この景観は、初期集落の立地する微高地の縁辺に湿地が拡がり、いわゆる中洲状であるような状況がイメージされる。この状況は、自然の環濠を有しているのと同じであり、あえて人工の環濠をもつ必然性はないのである。環濠が必要となるのは、集落周辺の排水が進むと同時に、沖積作用により集落周辺の高燥化が進んだからであろう。

初期の遺構としては、木器貯蔵穴や大形土器を利用した集水施設などがある。

木器貯蔵穴は前述したように一辺二〜三メートルの方形プランや同規模の円形、楕円形プランの大型の穴で、穴の底に木製農具や工具、容器など製作途中の木製品や原材を水漬けしているものである。学史的にみれば、一九三六と一九三七年の唐古池底の調査において、鍬や鋤の未成品が出土した大型の「竪穴」であり、調査では竪穴住居の一種に考えられていたものである。発掘調査では、これら未成品が取り忘れられ、土坑の底に貯木した状態（図19上）で検出されるか、あるいは引き揚げられ一気に埋め立てられた状況（図19下）で検出されるのである。木器製作工程は、たとえば農具の鋤や鍬では、およそ四工程ほどの製作段階があり、それぞれの工程の未成品が見つかっている。このような工程ごとの未成品が出土することから、貯木期間は数年単位を想定する必要があろう。

このような木器製作にともなう穴は群集しており、大多数は重複しながら発見され、密集度は高い（図20）。北部九州にみられるような貯蔵穴が群集するような状況と類似している。この木器貯蔵穴群の構成はまだ把握されておらず、管理がどのように行われていたのかわからない。しかし、北・西地区とも、木器貯蔵穴群と居住区を明確に分離できないが、ある程度群単位で管理していたように思われる。唐古・鍵遺跡では、特に弥生時代前期を通じて掘削されており、多量の貯蔵穴から大規模な木器生産がうかがえるのである。このような木器貯蔵穴は、他の弥生遺跡ではあまり見つかっていないことから唐古・鍵遺跡の一つの特徴ともいえる。これは集落周辺の照葉樹林の伐採・開発と水辺における貯木という立地条件を生かしたものであろう。この木器生産の数量的なものはおさえられないが、この木器生産システムによって周辺集落への供給は充分にはたしていたと考えられ、初期段階から集落立地を生かし中核集

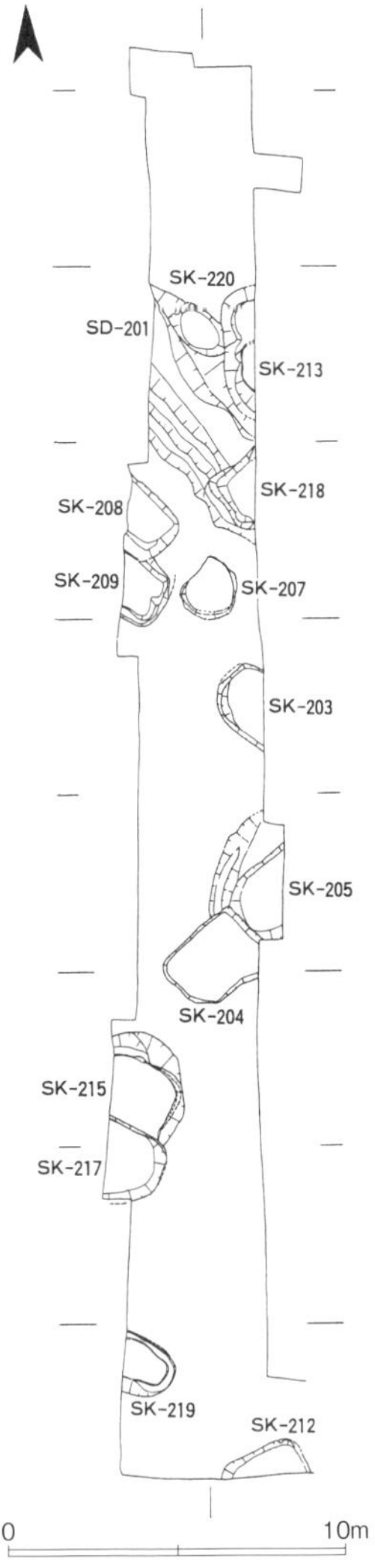

図20　西地区の木器貯蔵穴群（第20次）

図19　木器貯蔵穴の２つの埋没パターン（第20次）

落への歩みを果たしたといえる。

集水施設は、旧河道内の砂層堆積内に土器の底を打ち割った大壺胴部を据えたもので、砂層内の湧水を確保する施設である。井戸のように積極的に地下水を汲み上げるというよりは、自然湧水を確保する簡便なもので縄文的な色彩が強い。唐古・鍵遺跡で井戸が出現するのは大環濠集落が成立する前後で、それまでは身近に清水が確保できたということであろう。

2　集落の分立（第二段階）

三つの地区と大溝

弥生時代前期後半から末、中期初頭においても、前代から引きつづき同じような様相で多数の木器貯蔵穴が検出され、鍬や鋤の農耕具、斧の柄などの工具、高杯や鉢などの容器類の各種木製未成品が多量に出土している。前期前半の様相が不明であった南地区での遺構も明確になり、前期末頃には各地区を区画する大溝（環濠？）が掘削されることになる。特に西地区の微高地縁辺に掘削される大溝（第16・41次調査）は、幅三・六メートル、深さ一・二メートルほどで規模は小さく、また継続期間も短く、土器型式のⅠ期の間には埋没する。また、南方砂層のような流路も継続的に存続し環濠のような役目をはたしており、それぞれの微高地（北地区、西地区、南地区）の縁辺を囲むように存在していたようで、各地区が分立したような状況であっただろう。

このような大溝の掘削は、ムラを防御するというよりは、各地区の低湿な部分を積極的に排水するためのものであったろうと思われる。それは居住区を安定化させ、ムラを拡大させる意図の現れと考えられ、この時期に周辺や他の地域において新しい集落が出現する傾向がみられることとも唐古・鍵ムラの動向と軌を一にするものであろう。

それぞれの地区の規模は、おおよそであるが、北地区は一三〇メートル×二〇〇メートル、西地区は一三〇メートル×四〇〇メートル、南地区は一〇〇メートル×二〇〇メートルほどの楕円形を呈していたと推定される。特に西地区の規模は大きく、当初から安定した良好な土地であったようだ。この三地区の規模は他の遺跡に比較してもかなり大きく、この段階から地域の中核

図21　耳成山の流紋岩の露頭

的な存在であったととらえてよかろう。それは石庖丁の生産という遺物の面からも想定できる。

西地区の石庖丁生産

　前期段階の石庖丁の石材である流紋岩は、火山岩の一種で縞状になった流理構造がみられるもので、薄く扁平に割れやすく、研ぎ磨かれた石庖丁には美しい縞模様がみられるものがある。大和三山の耳成山や畝傍山の山中に露頭しており、唐古・鍵遺跡ではこの耳成山産が利用されている。耳成山は、奈良盆地南部の橿原市に位置する標高一四〇メートルの独立した小山で、この登り口の崖のあちこちに白い流紋岩が露頭している。この山は、弥生人にとっては重要な資源の山であり、手軽にこの原石を採集したであろうことはここを訪れれば推察される（図21）。この耳成山と唐古・鍵遺跡は、直線距離にして約六キロで遠い距離ではないが、耳成山の北側には弥生初期からの集落である坪井・大福遺跡が存在しており、このムラを避けて石材を取りにいったとは考えにくく、どのような関係があったのかは今後の課題である。

　さて、唐古・鍵遺跡ではこの原石を使い石庖丁を製品化しており、各工程の製作途中品が出土している（図64参照）。特に西地区の第16次調査では、区画溝（環濠？）近くに多量に廃棄された流紋岩の剥片が未成品や失敗品とともに出土した。また、この調査区では原石も二点出土しており、この地区周辺に石庖丁の製作工房があったと推察

図22　大型建物跡（第74次）

される。

流紋岩製石庖丁の利用も弥生時代前期というごく限られた時期、奈良盆地と大阪府東部の一部という限られた地域に偏在しており、弥生時代前期にあっては農具である石庖丁の生産は各地域で模索されているような状況であったと考えられる。

大型建物跡

西地区において注目される遺構は、弥生時代で最も古い「総柱」の大型建物跡である。この建物は南端の一部が調査区外のため、その全容は明らかにできないが、梁行二間（七メートル）、桁行五間以上（一一・四メートル以上）の南北に長い建物で、建物の妻の外側に独立棟持柱をもつ構造になっており、検出されている規模で床面積は約八〇平方メートル、畳に換算すれば約四八畳もある。柱列が東側・中央・西側の三列あり、この中央の柱列、すなわち床下にも柱列をもつことが「総柱」建物の特徴である。

検出された柱穴は一六基、柱の大半は抜き取られ、柱が残存していたのは直径○・六《メートル》のケヤキ材の柱三本とヤマグワ材の棟持柱であった。ケヤキ柱三本のうち二本がそのまま立った状態で、ともに東側柱列と西側柱列の北から数えて四番目の柱である。残りの一本は柱の横に穴を掘り、柱を倒して埋め込んだ状態のものであった。おそらく柱が大きすぎて抜き取ることができず転用できなかったのだろう。

柱が抜き取られた柱穴は、柱を抜き取る際に当初の柱穴の輪郭を壊しており元の形状はわからなくなっているが、柱が立っていた西側の柱穴は柱を据えた当時の状況をよく残している。この柱穴はおおよそ長軸二《メートル》・短軸一・二《メートル》の東西に長い楕円形の形状で、深さは約○・九《メートル》の規模である。この柱穴の特徴は、楕円形の柱穴の底面が西側から東側に向かって深く掘られ斜面となっていることで、すなわち建物の中心（棟通り）側がいちばん深くなる形状を呈している。そして柱はその楕円形の深くなっている東端に据えられているのである。このことから柱は西側から建物側に向かって柱穴の斜面を滑らせ立てたと考えられ、長い大柱を立てる工夫がされているのがわかる。このような目で他の柱穴をみると、それらも南北建物に対して東西方向の楕円形を呈しているものが多い。このような柱穴の状況から推察するに、太くて長い柱を立てるに当たっては、建物の外側から計画的に柱を起こしていったと考えられるのである。このような柱穴の形状は、他の大型建物跡にもみられる工法であるから、大型建物の建築技術の系統を考える上では重要な要素の一つになろう。

さて、この柱穴と柱の関係をみると、柱穴の底に柱があるのでなく、柱穴の中位ぐらいに板材や棒材、木片層が敷かれその上に柱が据えられていた。言い換えれば、柱は浮いたような状態であった。また、もう一つの立っていた柱や柱が抜き取られた柱穴でも同様な状況がみられる一方、このような木片層が柱穴の底面に敷かれているものも存在し、柱の据え方は一様ではない。このような工法の要因として、柱が沈まないように礎盤としての役目をもたせたのか、また建て替えの結果なのか、今後の課題を残している。

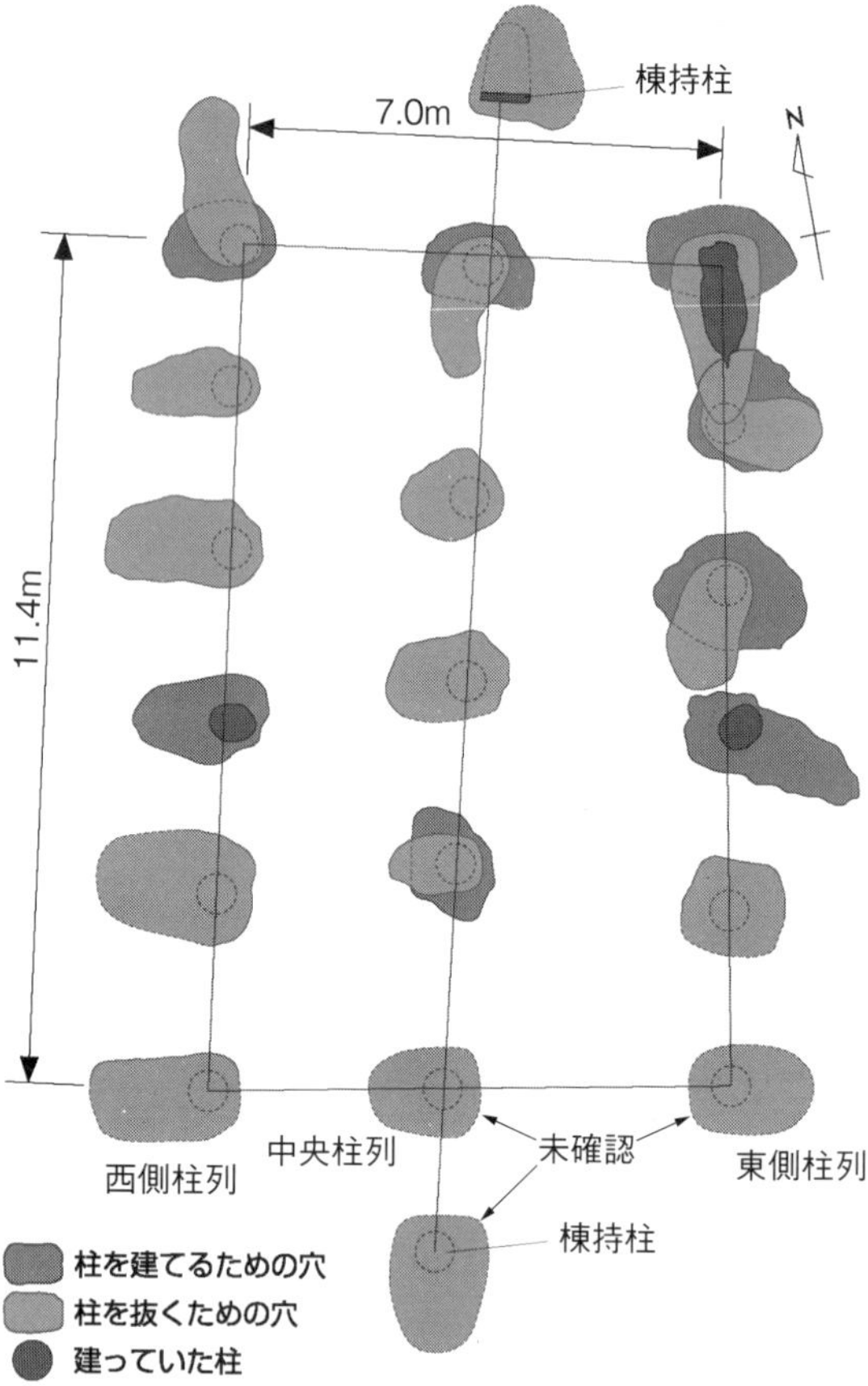

図23　大型建物跡の柱配置図（第74次）

この建物では、炭素14年代測定法による注目される結果が示されている。ケヤキ柱三本のうち、北東隅の倒されていた柱は暦年較正年代では紀元前四～三世紀と推定されるのに対し、立っていた二本のケヤキ柱は

図24　大型建物の柱（第74次）

下っても前五世紀までの可能性であるらしい。すなわち、後者のほうが一〇〇年以上古いことを示しているのである。この差は柱の状態においても明瞭である。倒されていた柱は、縄を掛けて運搬するための「目途穴」が柱下部ちかくに空けられているのに対し、立っていた柱二本にはそのような穴は存在せず柱自身が痩せた状態になっていた。また、柱の据え方にも前述したような違いがみられることから、後者の柱二本は転用材の可能性が高くなりそうだ。

　この大型建物の存続時期であるが、立っていた柱穴と抜き取られた柱穴、あるいは柱穴を壊している小溝から出土した土器を相互に検証し前後関係を整理すると、弥生時代中期初頭（大和第Ⅱ－2様式）に建築され、大和第Ⅱ－3様式には解体されていることが判明しており、倒されていた柱の年代（紀元前4～3世紀）と合致する。

　さて、この大型建物は一小様式の短期間の建築物であることがわかったが、築造されるまでの準備期間はどれくらいだったのだろうか。これを推定するにあたっては二つの課題がある。

　一つ目は個々の柱の問題で、直径五〇～六〇センチの柱材の乾燥期間をみるか否かである。唐古・鍵遺跡では、直径六〇センチのケヤキの柱三本、ヤマグワの棟持柱一本が残存していた。いずれも広葉樹であり、柱として長い直幹材を取るのは困難なものである。一般的にこれらの樹種を板にした場合、材の乾燥は一年で三センチ程度を見積もるという。であれば、六〇センチの板材では両側から乾燥するので約一〇年を要することになる。ましてや、原木そのものならばさらに一〇年以上の乾燥期間を必要とするであろう。ただし、これはあくまでも現在の建築にあたっての話なので弥生時代に適用できるかどうかの検討は必要である。弥生時代前期においては多数の木器貯蔵穴が存在しており、これらの類例にみられるように木材の「寝かせ」については弥生時代にみられる一般的な姿とみることができよう。したがって、大木の伐採から「寝かせ」・加工も入れると数年〜十数年の期間が必要であったろう。

二つ目は、建物の大柱一〇本以上とその他部材を調達する期間をどれぐらいみるかである。唐古・鍵遺跡の柱穴の下層には柱を加工したであろう木片が多量に埋められており、建築場所で最終的な加工が行われていた様子がうかがえるが、それ以前にも他の場所で行われていた可能性がある。そこに至るまでの用材の確保と期間は考古学では見えない部分であるが重要で、一〇数本の大柱、棟木、桁材、床材、屋根材の葦などなど多数の用材を確保するには数年は必要であろう。

このようなことを総合すれば、大型建物の建築には数年〜十数年の準備期間を見積もる必要があり、長期計画のもとで進められたと考えられ、このような長期計画が立てられるのは、やはり地域の拠点集落でなければ無理であろう。

ところで、この南北に長い大型建物跡の主軸は、真北に対して四度〜七度ほど東へ振っている。これが北を意識していたかどうかは周辺施設が未検出のため判断ができないのであるが、微高地が南東から北西方向へ傾斜していることを考えれば建物の主軸が逆に西側に振るほうが自然に思える。仮に地形に左右されていないとすると、北の方位を意識した建物が弥生時代中期初頭段階に存在したことになり、池上曽根遺跡の中期後半の大型建物跡より大きくさかのぼることになろう。

この大型建物は西地区の微高地の南半に位置し、弥生時代前期でも最も古い遺構遺物を検出する場所であり、唐古・鍵ムラの成立段階から居住区として占有されてきたところと考えてよい。しかし、この大型建物築造以前の遺構（木器貯蔵穴・溝）や建物解体後の遺構（小溝・井戸）の密度は、意外と散漫である。居住空間として空白地区ではないにしても、全時期を通じてこの大型建物周辺には竪穴住居があるわけではなく、厚い遺物包含層もなく、唐古・鍵遺跡全体の有り様からすれば特異な空間、つまり生活感のない空間であったようだ。したがって、大型建物は特別な空間に存在する建物で、西地区の中枢建物の一つとして理解して間違いないであろう。また、先に述べたように残存していた二本の柱が転用材だとしたら、この大型建物の前身にあたる大型建物が存在した可能性もあり、大和第Ⅱ－2様式より古い弥生時代前期の大型建物も周辺に想定できるであろう。

そうであれば、集落成立段階から大型建物が集落の構成要素の一つとして、さらには中心的な建物として組み込まれていたと考えることもできる。そして、このような建物を有する集落は、その地域の中核的な集落として成立し、他の集落とは一線を画する格差をもっていたとみることはできないだろうか。今後、この大型建物周辺の調査が進めば、前身の大型建物や大型建物に附属する施設も解明できるであろう。

唐古・鍵遺跡の建物はなぜ六〇㌢もあるような太い柱を必要とし、それもなぜヒノキでなくケヤキだったのだろうか。おそらく唐古・鍵遺跡周辺に植生し柱の太さも確保できる身近な植物がケヤキだったのであろう。しかしむしろ、巨木を使うことや大型にすることに意味があったように思えるのである。このクラスの建物ならもう少し細い材でも充分に建築可能と思えるが、あえて太い材を採用したのではないか。建物の機能もあるが、「見せる」建築物という視点、シンボルとしての建築物という点も考えておきたい。

　大型建物が「棟上げ」されるのは、ほんのわずかな日、それは現在まで引き継がれてきている「上棟式」であり、古代においても特別な日として設定されていたに違いない。また、大型建物築造の共同体的作業自身に大きな意味があるわけで、環濠掘削とともに拠点集落の維持機能としての役割を果たしていたかもしれない。

木棺墓と方形周溝墓

　唐古・鍵ムラに大環濠が掘削される以前の弥生時代前期から中期初頭における墓は、二つ見つかっている。一つは北地区の唐古池東側堤防下で検出された木棺墓二基（第23次）、もう一つは南地区東南部にある北小学校校地内で検出された方形周溝墓（第91次）である。

　前者は北地区の居住区の北東側はずれにあった。幅七メートル前後の狭い微高地上に木棺墓が造られ、溝で区画し墓域を形成していた。微高地の主軸と並行するように南南東から北北西方向に二基並んで造られていたが、この第23次調査区は幅二・五メートル程度しかなく、木棺墓がさらにどの程度続くのかはわからない。ただし、木棺墓が立地する微高地の幅が狭いため、墓域は広範に展開しないと思われる。

　さて、この二基の木棺墓は〇・六メートルと近接しており、主軸も同じであることからあまり時期をおかず造られたものであろう。南側の第一号木棺墓は、保存状態が比較的よく木棺と人骨が残存して

図25　木棺墓（第23次）

いた。ただし、木棺は、弥生時代によくみられるような箱式の木棺、すなわち移動・運搬できるようなものでなく、現地で組み立てるものである。まず長方形の墓壙を掘りそこに木棺の側板を据える。そして小口は板ではなく棒状のもので支え、また、木棺の底板もなく樹皮状のものを敷いた簡易な木棺であった。その木棺には頭部を北北西にした伸展葬の男性が葬られていた。脚部は木棺に無理に押し込まれたような状態であった。この木棺墓は発掘調査時の状態で現地から持ち帰り、埴原和郎（東京大学）のもとに送り鑑定してもらい、身長一六〇㌢以上の二〇歳代後半から三〇歳代前半の男性であることが判明した。

その後、馬場悠男（国立科学博物館）に人骨の取り上げと科学分析を依頼したのであるが、馬場はそのときの状態を「この付近の弱酸性の粘土質土壌が人骨の燐酸カルシウムを溶かしてしまったので、人骨はきわめてもろくなり、取り上げは難しそうだった。たとえてみれば、レアーチーズ・ケーキの中に埋められて軟らかくなったビスケット」と表現している。この人骨が救えたのは、専門家による経験と判断だったろうと思う。

さて、この人骨の頭部は右側面が上になった状態であったため、その上部はすでに弥生時代中期の遺構によって削られてしまい頭骨の詳細はわからなかったのだが、下になっていた左側面は残っていた。この部分を固めて上下を反転し、粘土を

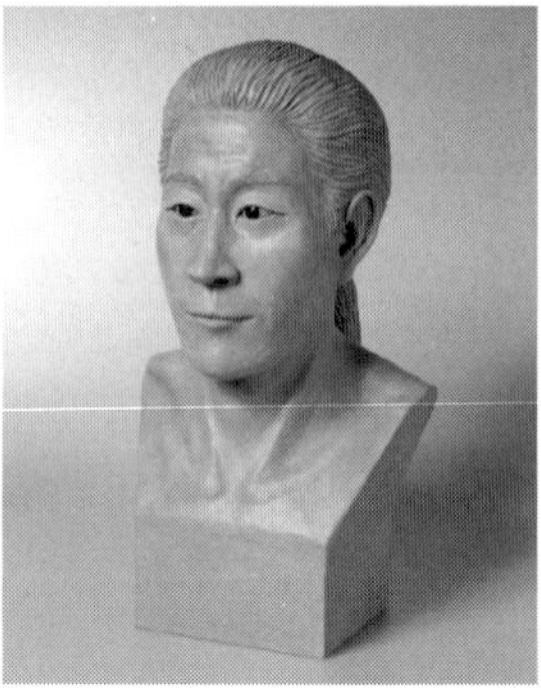

図26　弥生人骨の複顔模型

剥がしていくクリーニング作業で頭骨左側面の全容が判明したのである。馬場から著者への一報の電話では、とても弥生時代前期の人骨には見えず、江戸時代の人骨ではないかと確認されたほど現代人にちかい様相を呈するものであった。あごの骨がたいへんきゃしゃで大陸系の人の可能性もあるということであった。

また、人骨の年代を傍証するために、名古屋大学の中村俊夫は、もう一つの二号木棺の木材の放射性炭素年代測定を行った。その結果、約二一〇〇年前と測定され、弥生時代のものであることが科学的にも追認されることとなった。この人骨の同定から、唐古・鍵に住んでいた人が大陸系の人であることが初めて確認されたのである。

第二号木棺墓も第一号木棺墓と同じく、現地で組み上げられた木棺であった。こちらの方は小口板や底板もあるていねいなものであるが、骨の依存状態は悪く頭蓋骨と大腿骨の一部が残存するのみであった。こちらは頭位を南南東に向けた男性で一号人骨とは向かい合わせの状況であった。二つの位置関係が近く、主軸をあわせ、頭位を向かい合わせにしていることから、親近者、兄弟や従兄弟の可能性があるだろうと推定された。いずれも副葬品も供献土器もなく、どのような立場の人物か、また詳細な時期もわからないが、立地状況や他の遺構の関係、埋葬状態から、大和第Ⅱ－1様式の時期に急遽亡くなった人物であったと考えられる。しかし、この人物の数世代の前の人たちも大陸系の人であり、唐古・鍵の地を開拓したのは間違いない。

　このように、北地区北東部はずれに展開された木棺墓の状況から類推するに、居住区周辺に墓域が展開した可能性がでてきた。消極的であるが、それを推測できるような資料も存在する。それは木棺墓とはちょうど反対側にあたるムラの北西部のはずれ、第13次調査と第79次調査で検出された大環濠から出土した散乱骨である。この二つの調査地は西地区の北西端にあたることから、前述第23次調査地と立地状況は同じである。大環濠内から出土した二つの骨片は、右第六肋骨の骨幹部と頭蓋骨片である。これらの骨は、弥生時代中期の大環濠が掘削される以前にあったお墓が、環濠掘削によって破壊されたときに散乱した骨の一部と私は推定している。また、第13次調査では第Ⅳ様式の井戸ＳＫ－07の縁辺から右鎖骨・右上腕骨・右尺骨等が出土したが、これまでの全体的な状況を考慮すると、中期の井戸に大半が破壊され一部が残った土壙墓の骨の可能性が高く、大集落以前のお墓が北西部でも展開していたと考えられよう。

　もう一つの墓資料は、ムラの東南部の方形周溝墓である。北小学校の校舎新築工事にともなう事前調査で検出されたもので、大和第Ⅱ－3様式の方形周溝墓三基を検出した。削平とその後の溝の掘削で残存状態は悪く、墳丘や主体部は残っていない状況であった。じつはこの調査以前にも第4次調査としてここから南三〇メートルの地点で発掘調査を実施し、弥生時代前期の方形周溝墓状の遺構を検出していた。しかし、そのときは方形にめぐる溝があまりにも方形周溝墓の体をなさないことから消極的に解釈していた。しかし、二五年後の第91次調査の成果や唐古・鍵遺跡の墓資料の時期的な状況などを総合すると、これも方形周溝墓として理解するほうがよいかもしれない。

以上のことから、唐古・鍵遺跡では大環濠成立以前はムラの北東部や北西部の周辺部に木棺墓や土壙墓が、東南部には方形周溝墓が展開し、墓域を形成していた。ただし、これら埋葬形態の違いが時期的なものなのか、あるいは地区的なものを表しているのかは現段階では判断できない。

第二段階の特徴　この段階における唐古・鍵遺跡の特徴は、前期段階から農業という基本を有しながらも木製農具や容器など各種木製品、流紋岩製石庖丁という稲作に関わる道具、生活雑器の生産を行い、供給する物資集散基地という側面をもっており、集落間の相互補完関係が成立していたとみられることである。すなわち、弥生時代前期における「前線基地」と「後方支援基地」というような構図が読み取れるであろう。また、この集落内においては、その内部構造において大型建物を有しており、物資の一括管理と蓄財がなされていたと考えられる。特に石庖丁や木製品生産から、西地区が中心的な役割をはたしていた可能性がある。唐古・鍵遺跡周辺の初期農耕集落は、交流を示すような土器の出土はあっても、原材・原石の入手から製品化と供給までのシステムがみえるような集落はなく、唐古・鍵遺跡の中核性がすでに表れているのである。

3　集落統合と大環濠掘削（第三段階）

大環濠について　唐古・鍵集落の第三段階は、弥生時代中期前葉（大和第Ⅱ－3－b様式）で、大環濠集落の成立・発展期である。この時期が環濠集落として最も繁栄し、内容も充実していると考えられる。この段階では、前期に三カ所に分立していた集落が、大環濠の掘削によって地形・環境が改変され、一つの巨大集落として成立する。近畿地方中央部では、唐古・鍵遺跡のように前期集落を発展的に取り込み大規模な環濠集落へと成長した集落が出現しており、これら集落は一連の流れで成立したもので中期社会の集落形態が整備されたといえよう。このような集落は、地域の拠点となるもので、さまざまな生産物の生産・流通センターの機能をもっているのである。

図27　ムラの西側の大環濠（第19次）

さて、唐古・鍵集落において、大環濠集落を成立させるためには、この大環濠の掘削が最も重要な大事業であった。ムラを囲む環濠にあえて「大」をつけ「大環濠」とするのは、この環濠の規模が幅七メートル前後、深さ約一・五～二メートルという大きなもので、ムラのいちばん内側にあり長軸五三〇メートル・短軸四〇〇メートルの居住区を規定し、ムラが統合された最初から集落が衰退する古墳時代前期まで継続される特別な環濠だからである。すなわち、この大環濠が存続している期間が、環濠集落として繁栄し、内容も充実していると考えられるのである。この大環濠が成立した後、環濠はさらに外側へ三～五条へと多条化を図っている。これら環濠群は、居住区の外縁を帯状に幅一五〇～二〇〇メートルで囲むことで、「環濠帯」を形づくることになり、集落景観が一変したのである。

この大環濠はムラの各所で検出しているが、特に注目されるのは西地区の第19・79次調査での検出である。これらの調査において、大環濠は大和第Ⅱ－3－b様式に掘削されていることが判明しているが、この大環濠の内側約六〜八《メートル》では、大環濠に並行して大和第Ⅱ－2様式〜大和第Ⅱ－3－a様式の西地区分立期の環濠を検出しているのである。すなわち、いったん各地区を囲む環濠を掘削したが短期間のうちにその意味がなくなり、各地区を取り込むような大環濠をその外側に拡大して掘削していった過程がみえてくるのである。

大環濠の土木量は、どれくらいであろうか。大雑把であるが、大環濠の標準断面（二段の大小逆台形を重ねた形態）を上面幅七・五《メートル》、底面幅二・五《メートル》、深さ一・五《メートル》とし、直径四〇〇〜五三〇《メートル》の範囲を囲む溝の総延長を約一五四〇《メートル》と算定し、その土量を計算すると、一万三九五立方《メートル》となる。一日一人一立方《メートル》の土を動かしたとすると、一〇〇人で一〇四日要することになる。一方、環濠の掘削作業は、天候の問題や掘削にともなう周辺の諸作業、稲作や集落維持のさまざまな諸作業などもあり一年を通してできるわけではない。主に増水の少ない農閑期の作業と考えられることから、数年を要したであろうが、掘削途中での中断は滞水してしまうため、かなり計画性・統率力の必要な作業であったといえるだろう。また、環濠は北西側では多条化しており、最も外周にあたる環濠の距離は二《キロ》にも達すると推定されることから、環濠の規模は小さくなるにしても相当な土木量であったことはまちがいない。これらは一時期の所産ではないが、新たな環濠の掘削とともに既存の環濠の維持管理も見込む必要もあり、唐古・鍵ムラの人たちのエネルギーが集約されているといっても過言でなかろう。また、この行為を他面からみれば、ムラの共同体を維持するための巨大な装置としてみることもできるだろう。

環濠の掘削で、工区分けが実際に行われていたことが、集落北西部の第55次調査で判明した。調査地は、大環濠より外側一〇〇メートルほどの地点で、この間には四条前後の環濠があり、この調査ではさらに二条の環濠を検出したのである。この二条の環濠は、弥生時代後期初頭に掘削されたもので、集落側の環濠の底面が段違いになっていたのである。これは、環濠の南西側から掘削してきた人たちと北東側から掘削してきた人たちの濠底面のレベル差（約〇・二メートル）があったことによって生じたものであろう。したがって、この地点が掘削の開始あるいは終結地点の可能性があり、唐古・鍵ムラの北西側がいちばんの川下であることからも当然のことといえよう。

環濠とムラの出入口

　ムラを囲む環濠は「水濠」で、場所や時期によって滞水するような状態もあったであろうが、基本的には流水の状態であったと思われる。集落の南東側が標高四九メートル、南西側は四七メートルであるから、約六〇〇メートルで二メートルの比高差があり、緩やかに水は流れていたであろう。また、滞水状態では、衛生・環境面においても重要な問題を引き起こす原因になるのは自明で、環濠の水を止めてしまうような陸橋部（土橋）は、唐古・鍵集落にはないと考えられるから、外界への出入口になるのは環濠に架けた橋になると想像される。

　調査では多くの地点で環濠を検出しているが、ムラの出入口がどのような状態であったのかは考えにくかった。当然、環濠には橋も架かり、出入口には門があったかもしれない。この遺構を検出できたのは、ムラの東南部にあたる第40・47次調査だけである。唐古・鍵ムラの玄関口が河内から大和川をさかのぼってきたところ、すなわち、北西側にあるとすると、ムラの南東側はいちばん奥まった所に位置している。ここに、ムラの出入口があった。この二つの調査では、四条の環濠を検

図28　橋脚（第40次）

出した（口絵2頁の下)。

第40次調査では、環濠の中央に太さ三〇センチもある柱を検出した（図28)。この柱が環濠中央に打ち込まれていることから、橋脚として考えて良さそうである。第47次調査では、さらに内側の二条の環濠で橋脚を見つけることができた。二条の環濠のうち、外側のものは環濠中央に、内側のものは環濠の外側斜面に柱が打ち込まれていた。これらを総合すると、三条の環濠に橋が架かっていたことになる。内側の橋が弥生時代中期、外の二つが再掘削された後期の環濠の橋であった。しかし、これらの橋はムラの中央にむかって一直線にならぶことから、再掘削される以前の中期の橋脚も同一位置にあったと推測でき、この出入口がおよそ三〇〇年間も変わらず、維持されていたことがわかるのである。これは、ムラ人の意識やムラの機能もあまり変化しなかったことを示しているのであろう。橋脚といっても、環壕の中央に柱を一本突き立てているだけの簡単な構造である。どうも橋げたは丸太か板を一、二枚架けただけのようである。おそらく、このような橋がムラの何カ所かに架けられ、この橋を渡って、狩りや水田、墓地に出かけていったのであろう。そして、戦いが始まれば、すぐに取り外されたことは想像に難くない。

ところで、環濠に土塁がともなっていたのであろうか。現在、弥生集落の土塁は、環濠の内側に

図29　阪手北集落の環濠の土塁（受堤）

想定されているが、唐古・鍵遺跡の調査では今のところ検出していない。もともとなかったのか、あるいは削られてしまったのかであるが、環濠の両岸は削平を受けていることが多く、見つけられないというのが現状である。ただし、環濠の両岸近くで遺構や遺物包含層が存在するところもあり、土塁があっても全面に廻らしていたとは考えにくい。

この唐古・鍵遺跡がある田原本町には、現在でも環濠集落が存在している。大和の環濠集落は、中世の戦国時代に発生した防御農村と考えられているが、田原本町あたりでは中世末から近世に成立したようで、たとえば「阪手北環濠集落」もこの時期に成立したものと思われる。この集落は現在その景観をわずかにとどめるが、環濠と土塁と川の関係がよくわかる。この集落の構造は、集落から外側へ順に環濠・土塁（受堤《うけてい》）・川となっており、土塁は川から氾濫した水が集落内部に入らないようにするために造られており、村の出入口は土塁が切れているが洪水時は板を差し込んで止めるようになっている（図29）。したがって、ここでの土塁の役目は、洪水対策なのである。同じような低地に立地する唐古・鍵遺跡においても洪水対策は最も重要で、土塁は環濠の外側、それも上流側にあたるムラ東南部には必要であったと思われる。仮に環濠の内側に土塁を造れば、集落内部はカルデラ状になり、大雨のときは排水できず湖になってしまう恐れがあるだろう。

このような考え方もありうるならば、弥生時代の環濠集落も低地と丘陵に立地する環濠の土塁も違っていいかもしれない。

4　さまざまなムラの施設

竪穴住居と掘立柱建物

唐古・鍵遺跡では、かつて竪穴住居がない特異な集落ではないかと考えられたこともあった。それは竪穴住居特有の住居の壁や周溝が検出されていなかったからである。たしかに唐古・鍵遺跡の調査では、多数の柱穴を検出するもそれらがないことが多い。これは微高地上にあって削平を受けていることが第一の原因であろう。唐古・鍵遺跡での削平は大きくても三〇センチ前後であると思われるから、竪穴住居の竪穴本体はそんなに深いものではなく、外側に土塁を造るほうがメインであったのだろう。第8次調査では、竪穴住居から外側にのびる第Ⅰ・Ⅱ様式の排水溝、第11次調査では、第Ⅰ様式の竪穴住居の周溝、第20次調査では弥生時代の中期の炉跡と推定される炭灰ピットが検出されているのである。

その後、第65次調査では、竪穴住居の周壁を始めて検出することになる。この調査地は、南地区の微高地の北側縁辺にあたる場所で、中期初頭には大規模な区画溝群が走行しており、中期中葉には大溝が埋没し居住区として展開する場所である。したがって、集落内にあっては少し低い場所に造られた竪穴住居のため、削平をそれほど受けず周壁が偶然にも検出できたのである。円形プランの住居で周壁は約四分の一が残存していた。復元すると直径約一一メートルの大形住居になる。この地区では、このほか多数の重複する柱穴、住居から延びる排水溝を検出したので、ここには大溝埋没後、中期中葉以降、竪穴住居の地区として展開したことが判明したのである。

このような竪穴住居の地区は、二条の大溝を介して北側に展開し、その南側には微高地が拡がっている。この微高地上では、やや大型の柱穴が見つかっており、それらは疎らで柱穴の配置は長方形プランを示すように展開している。このことからこの場所では竪穴住居でなく掘立柱建物が展開していたと推定できる。なお、これらの柱穴のなかには柱を抜いた後に土器を割って詰め込むようなことをしていたものもあったが、何を意味しているのか不明である。

図30　竪穴住居（第65次）

このように見てくると、微高地上では高床建物を含む掘立柱建物が疎らに展開し、区画溝を介してそれよりやや低地にあたる地区では、重複する小形の多数の柱穴から、竪穴住居が濃密に建替え・増築等を行いながら展開していたことがわかるのである。このような柱穴の傾向は、南地区のみではなく西地区においても同様であることから、集落内が地区ごとに棲み分けされているような状況が考えられるであろう。このことから、後述する大型建物を含む地区を含め、三様の集落構造をイメージする必要があるかもしれない。

中期の大型建物とケヤキの原木　唐古・鍵遺跡では、大型建物が二棟検出されている。一つ

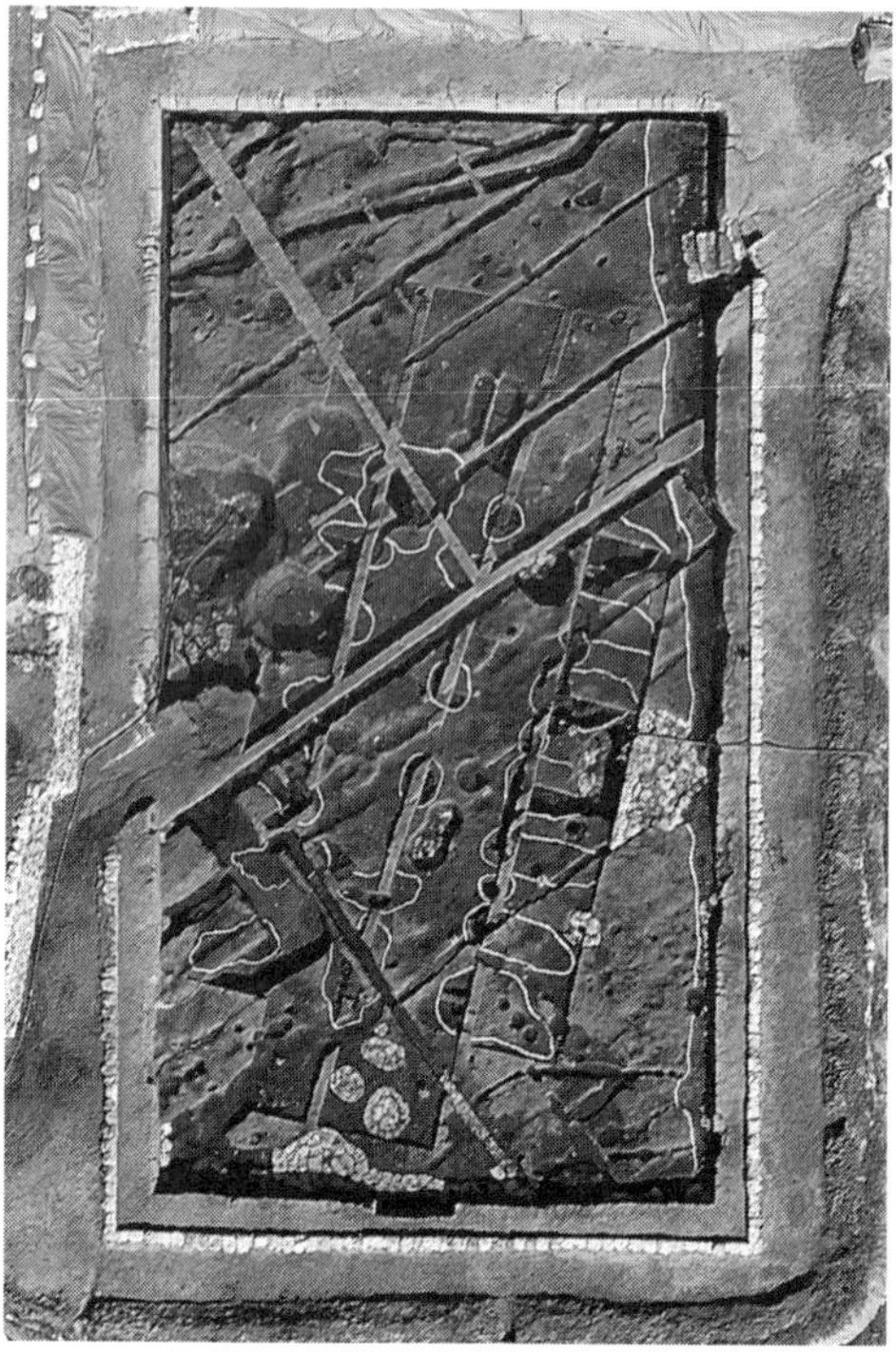

図31　大型建物跡（第93次）

発掘終了直後の推定では、桁行六間（一三・二メートル）、梁行二間（六メートル）の南北に長い総柱建物で、桁側六間、すなわち東側と西側柱列は基本七本の柱で支えているが、この東側柱列では柱間にさらに三本の間柱が配置されるという特異な構造があり、これは建物の東側が傾いたか痛んできたため、補強するためのものとしていた。しかし、その後の報告書で宮本長二郎は一棟の大型建物でなく二回の建て替え（Ⅰ～Ⅲ期）の結果だと考えた。Ⅰ期を桁行六間（一三・二メートル）・梁行二間（七・五メートル）の総柱型高床建築、Ⅱ期を桁行六間（東側面一三・八／西側面一三・八メートル）・梁行一間（北側面六・二／南側面五・八メートル）の高床建築、Ⅲ期を桁行二間（七・二メートル）、梁行1間（五・八メートル）の平屋建物と

は前述した西地区の中期初頭段階のもの、もう一つは同じく西地区北半で検出された中期中葉の北東―南西方向に主軸をもつ大型建物である。この建物跡は、第89次と93次調査によりその全容が明らかになっている。

郵便はがき

料金受取人払郵便

麹町支店承認

7998

差出有効期限
平成25年８月
25日まで

102-8790

104

東京都千代田区飯田橋4-4-8
東京中央ビル406

株式会社 同成社

読者カード係 行

ご購読ありがとうございます。このハガキをお送りくださった方には今後小社の出版案内を差し上げます。また、出版案内の送付を希望されない場合は右記□欄にチェックを入れてご返送ください。 □

お名前《ふりがな》　歳　男・女

〒　TEL

ご住所

ご職業

お読みになっている新聞・雑誌名

〔新聞名〕　〔雑誌名〕

お買上げ書店名

〔市町村〕　〔書店名〕

愛読者カード

お買上の
タイトル

本書の出版を何でお知りになりましたか？

イ．書店で　　ロ．新聞・雑誌の広告で（誌名　　）

ハ．人に勧められて　　ニ．書評・紹介記事をみて（誌名　　）

ホ．その他（　　）

この本についてのご感想・ご意見をお書き下さい。

注文書　　年　月　日

書　名	税込価格	冊　数

＊お支払いは代金引き替えの着払いでお願いいたします。また、注文書籍の合計金額（税込価格）が10,000円未満のときは荷造送料として380円をご負担いただき、10,000円を越える場合は無料です。

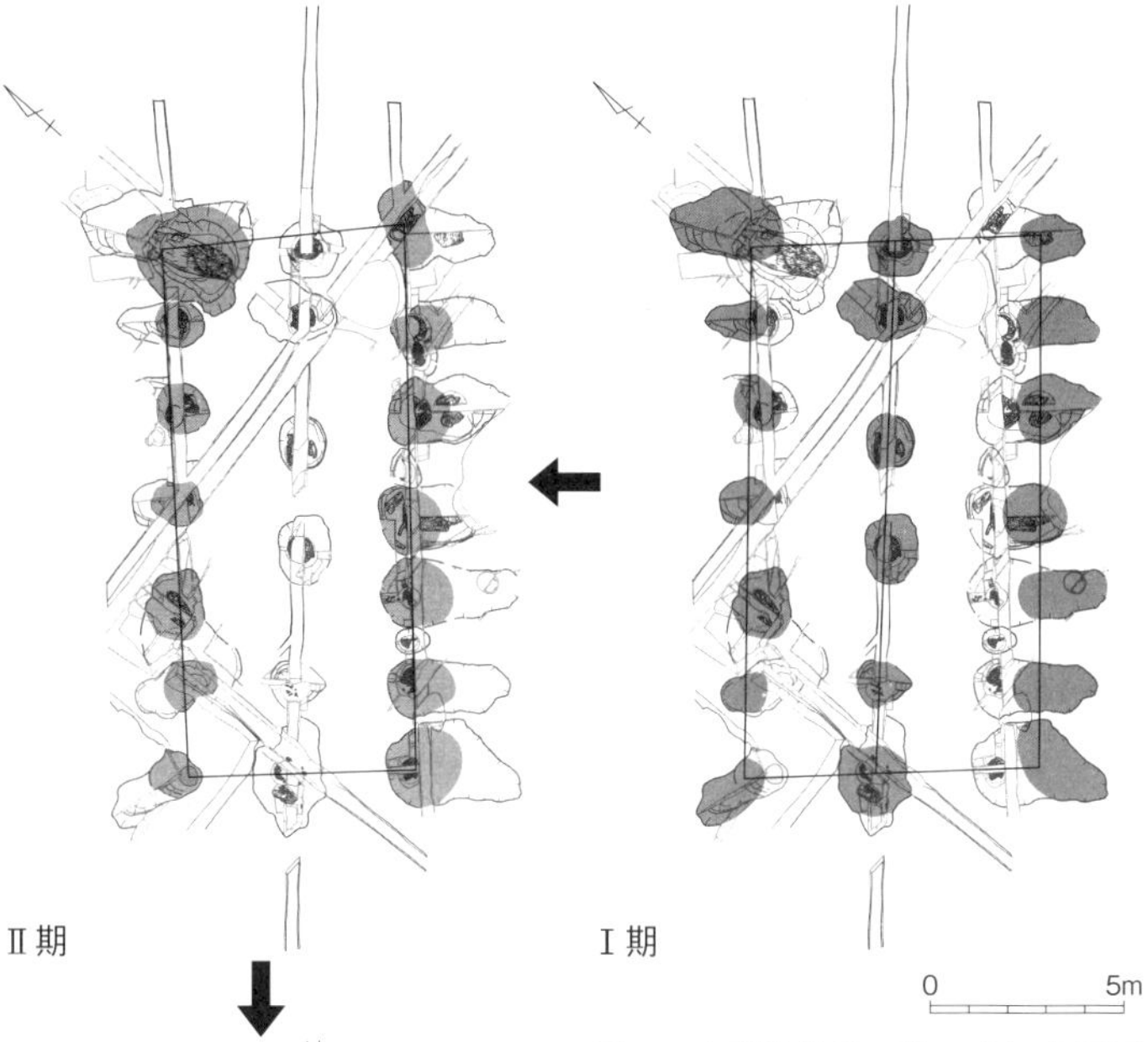

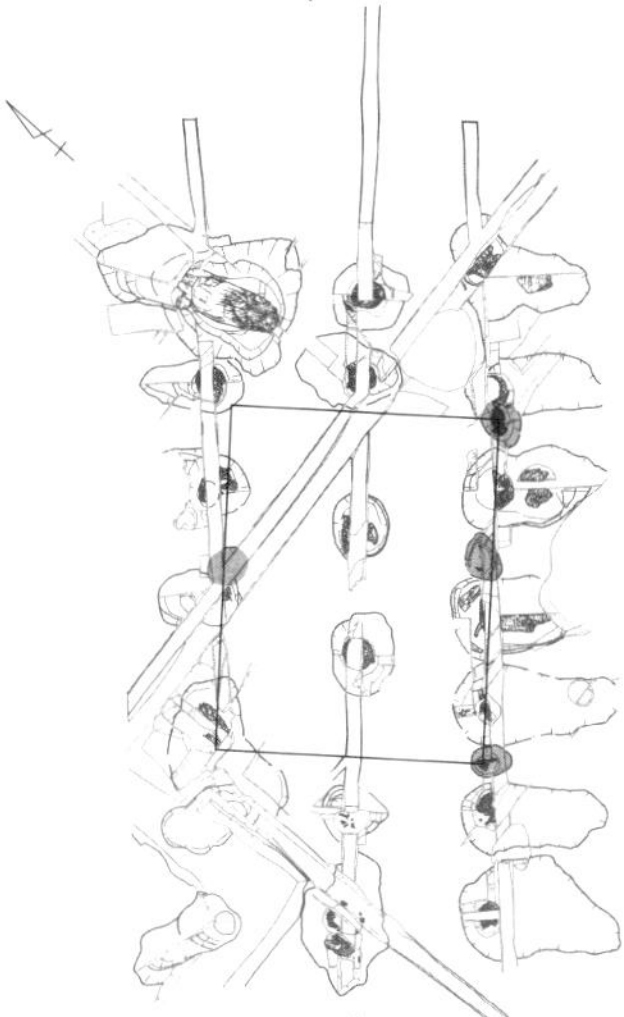

図32　大型建物跡（第93次）変遷図

し、三本の間柱はⅢ期のものと想定している。これらの建物は柱穴から出土した土器片や柱穴との切り合い関係から、弥生時代中期中頃（大和第Ⅲ－1・2様式に建築、第Ⅲ－4様式以前に解体）であることが判明している。炭素14年代測定法の分析によると、北西隅の倒されていた柱は暦年較正年代で紀元前四～三世紀

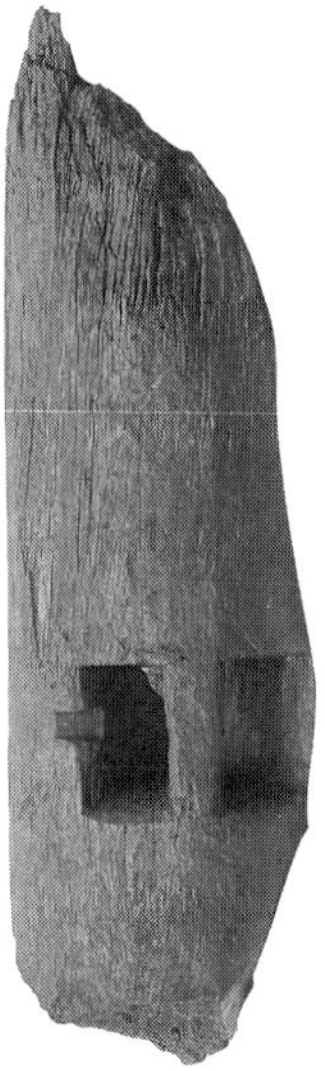

図33　大型建物の柱（第93次）

という結果が得られている。

　これら建物では柱が一九本確認されたが、特に注目されるのは北西隅の柱で、残存長二五二センチ・直径八三センチもある弥生時代最大級の巨大ケヤキ柱である（図33）。建物解体時には邪魔になったようで、巨大すぎてどうすることもできず横に穴を掘り倒されていた。それでも地上に露出して邪魔になったのであろうか、柱の上部には炭化物があり、出ていた部分は燃やして除去したと思われる。この柱の下部の両側面には、目処穴が対になる形であけられていた。横二〇×縦二八センチと横二四×縦三五センチの長方形にあけた精巧な穴がトンネル状に刳り抜かれていた。この穴には柱を運搬あるいは設置時に使用したであろう一センチほどの蔓が一四本の束として残存していた。目処穴の性格がわかる貴重な資料である。

　これら建物に関しては、柱の規模や形状、柱穴の形態、柱穴と柱との関係、柱間の寸法が規則的でなく、かなり複雑な様相を呈している。この建物調査は遺跡の内容確認の目的で実施されたものであるから、詳細は今後の課題であろう。

　さて、この大型建物と主軸を合わせるように南東側に近接して北東―南西方向に走行する区画溝が検出されている。この区画溝は、中期中頃から後半にかけて数回の再掘削によって維持されているものである。幅三メートル前後・深さ一メートル弱の規模で南側では直角に折れ北西側に走行し、ちょうど大型建物を囲むように掘削されている。この区画溝より南東側（建物の外側）は徐々に低くなっていくようなので、大型建物はこの溝によって区画された内部では最も南東にある建物のようである。また、この大型建物の南三メートルや南西二〇メートル付近においても大型建物を想定できるような大柱を検出しており、西地区には大区画・小区画があり、大型建物や周辺施設等が配置されていた可能性がでてきた。

　このような西地区の状況からふと浮かんだ二〇年前の調査がある。それはこの第93次調査の南西七〇メートルにあたる地点で一九八五年に実施した第22次調査である。中世大溝によって大半は失われていたが、長軸一・五メートル・短軸〇・九メートルの土坑底に平鍬未成品を礎盤として直径二〇センチほどの柱が立っていたのだった。その当時は、まだ弥生時代に大型建物が存在することなど想像もできない時代であり、弥生時代前期という古さ、他の柱穴との関係もおさえられず、土坑を利用した偶然の柱として位置づけてしまっていた。しかし、大型建物の発見や周辺に存在する大柱から、これもその可能性がでてきたと思う。

　このような推察が正しければ、西地区では弥生時代前期から中期中頃にかけて、かなり広範囲に大型建物とそれにともなう施設が展開していたことになろう。ただし、広範な西地区がどのように区画され、その各小区画の性格については、今後の広い面積の調査が必要であろう。しかし、この西地区北半では、建物遺構を検出するまでには鉄分凝縮で非常に硬くしまった厚い遺物包含層があり、さらには遺構が重層・錯綜しており、これらをすべて除かなければならないし、また、遺構面に到達しても土質の変質によって遺構の輪郭・切り合い関係を掌握するのは並たいていでなく、解明にはかなりのリスクがともなう。この地区の解明は、かなりの長期計画と充分な体制が必須だろ

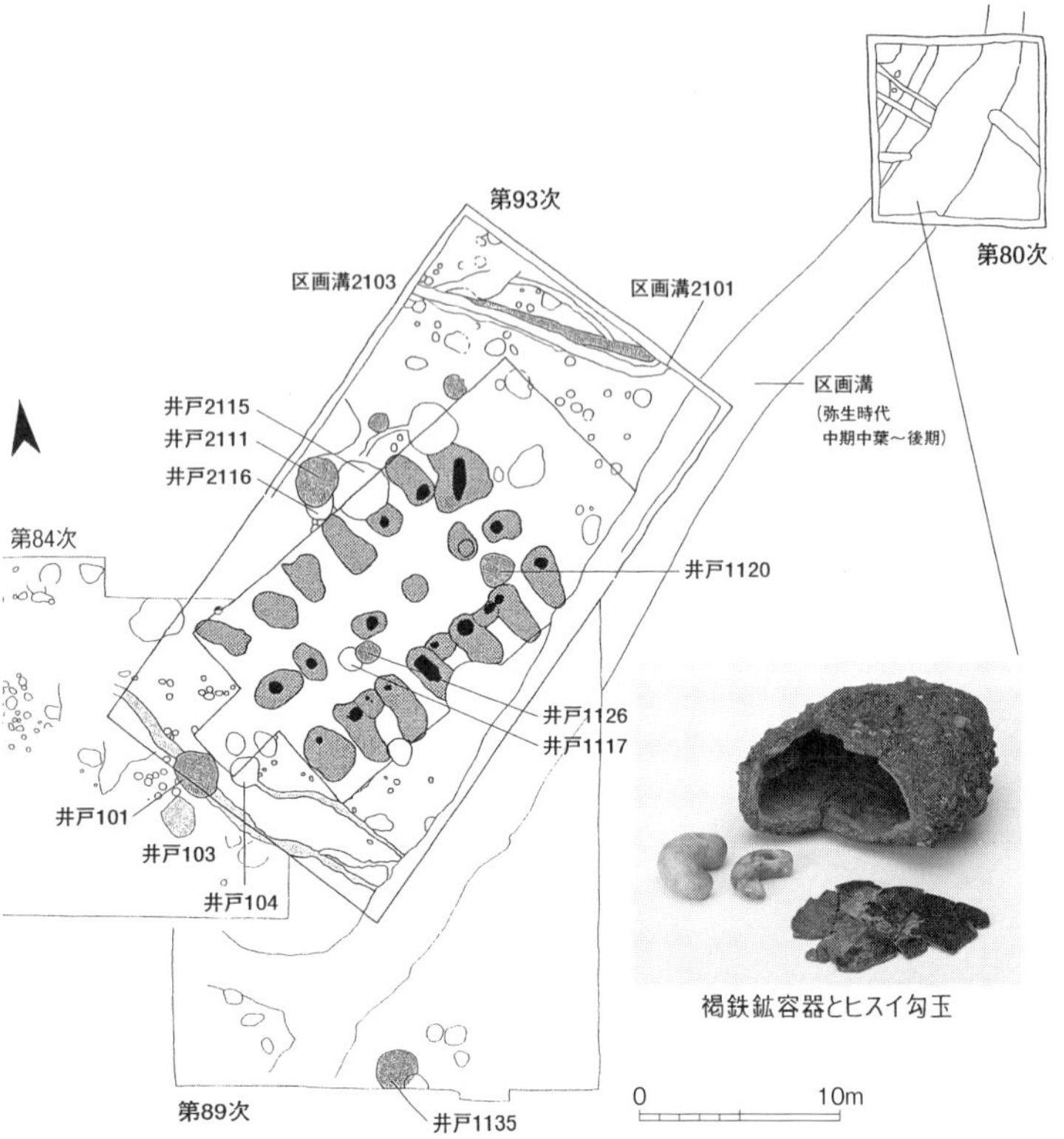

図34 大型建物跡と区画溝（第80・93次）

う。

さて、区画の南東端がおさえられたわけであるが、この一画を含め西地区北半の性格を考える上で重要な遺物がある。大型建物があった時期からさらに後の大和第Ⅳ様式であるが、前述の区画溝の延長が北東二〇《メートル》の第80次調査で検出され、その溝から出土した褐《かつ》鉄鉱《てっこう》容器とヒスイ勾玉である。遺物の詳細についてはⅥ章で後述するが、弥生時代遺跡では例のない特殊なもので、唐古・鍵集落の首長あるいは共同体のシンボルとなるような遺物であり、それがこの地区の外れに埋納されていたのである。ただし、この大型建物が検

図35　環濠に貯木されていたケヤキの大木(第13次)

出された場所は、前述の第74次調査地とは遺物包含層の形成がまったく異なり、土器や石器など雑多な遺物が包含する地面（包含層）の上に建物が建てられており、日常的な場所であった可能性もある。それは棟持柱の有無に関わる建物構造とともに考える必要があるようである。

この西地区北半で大型建物を検出したことで一つ解けた謎がある。それは、この調査より二一年前に実施した第13次調査で、大環濠から出土したケヤキの大木である（図35）。当時は、なぜこのようなケヤキ大木が環濠内に存在するのかまったく想像もつかず、各種木製品の製作用の原材として環濠に貯木していたのではと簡単に思っていた。さて、このケヤキ大木は環濠の中層にあり環濠に並行するように横たわっていた。おそらく、集落の北西側の場所から伐採し集落内へ環濠に浮かべながら運んできたのであろう。この大木は、長さ五・五《メートル》以上、太さ五五《センチ》の真すぐなものであり、途中では分岐したやや太目の枝が切断されていた。この大木は環濠内で動かないように杭が打ち込まれており、貯木していたと考えられる。これまでの大型建物の柱からすると、この大木はちょうどよい太さ・長さであり、柱材として集落周辺から伐採し環濠を利用して集落内に運びこんだと想像できるのである。

この第13次調査地は、大型建物跡が検出された第93次調査地の西北西一〇〇メートルの地点にあり、西地区の西辺にあたる。このようなことから、この地区にはさらに大型建物が存在することを裏づけるものになるとともに、大型建物の用材をどのように入手し保管していたか知る手がかりになるだろう。また、環濠が物資運搬の大きな役割をはたしていたこともわかるのである。

井戸と集水施設

唐古・鍵遺跡では多数の井戸を検出しているが、今のところ弥生時代前期の井戸は見つかっていない。ここで井戸とするのは、大地を深さ一メートル以上掘削し地下水を汲み上げるものである。このような井戸が検出されるのは、唐古・鍵遺跡の場合、大和第Ⅱ－3様式頃からである。唐古池の第1次調査での第68号竪穴や西地区の第22次調査で検出したＳＫ－1101などが最古例で、いずれも井戸の供献土器である細頸壺が出土している。特に第68号竪穴の細頸壺は流水文様を廻らした流麗な壺で、重要文化財になっている。この大和第Ⅱ－3様式以降、集落が継続されている間、井戸は掘削されるのである。

　この井戸の出現時期は、大環濠集落の成立と密接に関係していると推定している。大環濠集落の成立する以前と以後では、前述したように集落景観が大きく変貌したとみられるからである。前者の場合は、居住区の周辺でいつでも清水を得ることができる環境、すなわち、居住区近くに小川のような流路（南方砂層）が存在しているような状態であったろう。それに対して、後者はそのような流路が大環濠の掘削によって消滅し、安定した清水の確保ができなくなり、井戸を掘削する必要に迫られたと私は考えている。

　唐古・鍵遺跡のこれまでの調査で検出された井戸は、おおよそ二〇〇基前後である。この数は弥

図36 大木を刳り貫いた井戸枠（第23次）

図37 大臼と土器を利用した井戸枠（第69次）

生遺跡の中でも群を抜いたもので、この集落の継続期間の長さと人口規模の多さを示すものであろう。唐古・鍵遺跡の井戸は、井戸枠をもつものはわずかである。大木を刳り貫いた井戸枠（第1・23次）、大臼の底を抜いた（抜けた？）井戸枠（第69次）、大型不明木製品を転用した井戸枠（第23次）があるのみで、大半は素掘り井戸である。ただし、素掘り井戸の場合、他の性格の土坑（穴）と同じように水が湧くことから区別するのが困難なものもある。明確に井戸として認められるものには規模や形状に特徴があり、規模は直径・深さとも二メートル前後で、円筒状あるいは二段掘りの場合は大小の逆台形を二段重ねたような形状を呈する。

また、井戸では出土遺物にも特徴がみられ、井戸底や中ほどから完全な形の土器が出土することが多い。これらの土器の多くは壺で、その胴部をていねいに敲いて穴（穿孔）をあけているものもあり、井戸への供献土器と考えてよいだろう。供献土器は、弥生時代中期の場合、主に水差形土器など

図38　弥生時代中期の大型井戸（第20次）

壺が数点出土するのに対し、後期以降になると壺を中心に甕・高坏など多種類の土器が多量に、時には二〇点ちかく供献される。井戸に対する祀りかたの変化であろう。いずれにしても壺が中心で、中期では細頸壺や水差形土器・無紋の広口壺、後期前半は長頸壺、後期後半は広口壺が多くみられ、「水壺」としての性格を有するものが供えられたのであろう。

　これまでの調査で検出された井戸の中で、最も規模が大きいのは西地区の第20次調査のＳＸ－１01（弥生時代中期／大和第Ⅲ－１～２様式）である。調査当初、あまりにも規模が大きくて井戸とは思わずに掘り進めていたもので、上面では長軸六・五《メートル》、短軸推定五《メートル》もあった。井戸は漏斗状を呈しており、上部が椀状、下部が円筒状になっていたため、下部に至ってやっと井戸と理解できたのである。深さは二・四《メートル》にもなった。

　この井戸が機能を果たさなくなった後、井戸中位で三回にわたって卜骨やアカニシ、獣骨など特殊な遺物が供献されていた。一回目が多く、炭化した雑穀が入った（炊いた）広口長頸壺や細頸壺・鉢・ミニチュア土器などの完形土器群と卜骨三点、アカニシ、笊などで、二回目が卜骨二点と犬の四肢骨、三回目が卜骨一点と高坏部などであった。いずれも卜骨を中心とした構成であることから、なんらかの占いを繰り返し、この井戸に投棄したものと推定される。井戸機能が喪失した後のことではあるが、その特殊性をうかがえるものであろう。この井戸は他の井戸に比較して規模からも突出しており、特殊な井戸として造られたもので、西地区の中心的な井戸、戸別的なものでなく共同体としての井戸であったのだろう。

　この西地区のＳＸ－１０１には及ばないが、他にも豊富（特殊）な遺物を有する井戸が数基みられるので紹介しよう。一つは、唐古池の西側堤防下で行った第37次調査時に発見した井戸（ＳＫ－２１３０）である。この井戸は弥生時代中期中頃（大和第Ⅲ－３様式）のもので、規模は長軸三・一メートル・短軸二・四メートル・深さ二・八メートルもある大きな井戸である。この井戸も漏斗状を呈しており、井戸中位に多様な遺物が五回にわたり供献されていた。広口壺や細頸壺・水差形土器・高坏などの完形土器群とともに卜骨二点、タヌキの頭骨、木製の鋤などが出土している。

　この他、井戸の中位に多量の籾殻を投棄する例（第33・59・69・74次）がある。これらには、籾殻層の上面に木製戈が供献される例（第33次・ＳＫ－１１１）、戟状木製品をともなう例（第74次・ＳＫ－１０３）、卜骨をともなう例（第59次・ＳＫ－２１１６）、壺や高坏の土器がともなう例（第69次・ＳＫ－１１３９）などさまざまなものがある。厚い籾殻層は、多量の脱穀行為があったことを示しており、脱穀とそれにともなう一連の行為が想定できる。このような特殊遺物が出土する井戸はこの他にもみられるが、このような傾向は後期初頭までで、これらの遺物群は、井戸とその近くで実習されたであろう水と関わる農耕儀礼にともなう遺物とみなすことができるようである。

　唐古・鍵遺跡では、これまで述べてきたような井戸――積極的に大地を掘削して清水を確保する井戸——に対し、簡易な施設で清水を確保する「集水施設」とよぶようなものもみつかっている。これは、大型の土器を転用して井戸枠状にし、旧流路の砂層内に埋めた施設である。砂層内では少し穴を掘れば、簡単に湧き水を確保できるが、砂のためすぐに埋没してしまうことになる。これを防ぐために土器を利用したのである。このことは唐古・鍵集落の弥生時代の地表面には、まだ集落形成以前の流路が見えていたことを示しており、多くは微高地の縁辺で集住による遺物包含層の堆積が進んでいない場所であった。

このような施設は、弥生時代前期（大和第Ⅰ－1様式）から中期中葉（大和第Ⅲ－3様式）まで七基検出している。前期のものは大壺の胴部下半を利用したもの（第16・17次）、中期のものは大甕（第20・50・59次）や大壺（第50次）を利用している。いずれも底部を打ち欠き、下部からの湧水が貯まるようにしている。

特に西地区の第19次調査で検出されたものは、大壺と大甕を二段に組み合わせた特異なもので、大環濠近くに設置されていた。このようなものは、これまで知られていた前期の大壺胴部下半の簡単なものに比較して凝ったもので類例がなく、見当がつかずに模索しながら調査した例である。当初、上部の甕が立っていたので甕棺ではないかと思ったが、内部の土を除いていくと底部がなくその下には壺の口縁部が見えてきたのである。さらに調査を進めると壺も完形であるが、底部が打ち抜かれていたのである。結局、二つの土器は、ともに底部が打ち抜かれ、まっすぐに砂層内に設置されていることがわかった。このような土器の状況から、集水施設でよいだろうとなり、その後、弥生時代中期の類例が増えることになったのである。

トイレ

唐古・鍵集落では、数百人の人びとが暮らしていたわけだが、暮らしのなかでも重要な要素がトイレであろう。近年、古代都城でのトイレ遺構が判明してきたが、弥生時代の確実なトイレ遺構は今のところみつかっていない。大阪府池上曽根遺跡の環濠から鞭虫が検出されたことから、環濠にそのような役割があったことも推測されているが、弥生集落全体にいえることかどうかはまだわからない。唐古・鍵遺跡においても、環濠の土壌分析は進んでいないので今後の課題である。

図39　糞石（第５次）

ただし、一例だけであるが、注目できる遺構があるので紹介しよう。これは、北地区の第5次調査、唐古池の東側で行われたもので、弥生時代前期から古墳時代前期・古代の多数の居住遺構が濃密に検出された地区である。それらの中でやや大型の土坑ＳＫ－06は長軸二・一《メートル》・短軸一・一《メートル》・深さ〇・六《メートル》の平面が楕円形の穴で、その底には杉皮と思われる樹皮が敷かれていた。同様にＳＫ－09にも土坑底に樹皮を敷くものがあり、ここから糞石（図39）が出土しているのである。これは径三・一《センチ》ほどの小さい暗褐色の塊で形状から判断されたが、人か動物かの同定は未だなされていない。仮にこれが人のものであれば、弥生時代では初めてのものになり、この土坑がトイレ遺構になる可能性がでてくる。

西地区の生活空間

弥生時代前期以来、三つの微高地を中心に居住遺構が展開しているが、これらの空間で人びとはどのように活動していたのだろうか。このことを考える

図40　環濠に廃棄されたイノシシ下顎（第13次）

上で注目される遺構と遺物がある。それは、西地区での空間的広がりがわかる資料で、集落北西側の大環濠が検出された第13次調査と西地区の微高地中央部の一画にあたる第20次調査の資料で、この二つの調査において出土した甕が接合したのである。

第13次調査では、環濠帯を形成している大環濠から外側に展開する環濠四条を検出し、そのいちばん内側、集落を取り囲む大環濠の中層から甕の胴部のかけらが出土した（前述ケヤキ大木の下）。この中層からは、イノシシの下顎骨を七個体分集積し投棄したもの（図40）や底部が四角形をした特殊土器がいっしょに出土している。これに対し、第20次調査では前述した大形井戸（SX－101）から出土したもので、卜骨や壺などの第一回目の供献遺物と共伴した。すなわち、いずれも祭祀遺物とともに出土したことになるのである。

この二つの距離は直線で一五二《メートル》あり、仮に土器を放り投げても届く距離でもない。また、いずれも弥生時代の中期中頃（大和第Ⅲ－1様式）には埋没しているので、後世の人が作為的に行ったものでないことも確実である。ということは、当時の西地区に暮らしていた人が、土器を割って（あるいは割れた土器片）一つは大環濠に、一つは大形井戸にそれぞれ投げ入れたということになる。それには祭祀遺物も同時に投げ入れていた可能性があり、西地区のある特定の場所で行った祭祀、すなわち、雑穀を炊いて占いを行い周囲にはイノシシの下顎骨が吊り下げられているようなまつりごとが実習され、最終的に二つの場所に投棄されたと想像できるのである。このことは、まつりの復元という意味においても重要であるが、当時の人たちの行動範囲も知れるわけで、私が現在想定している「西地区」という生活領域の範囲が当たっているといえよう。

青銅器鋳造の工房

唐古・鍵集落の青銅器工房は、南地区に推定されていたのであるが、それを突き止めるには二〇年という長い月日を要した。

銅鐸の鋳型が出土した一九七七年の第3次調査以降、この周辺の発掘調査はほとんどなかった。東側に隣接する北小学校の体育館建築（第40次）やプール建設（第47次）にともなう調査において青銅器鋳造関連遺物の出土に期待したのだが、出土したのはわずかであった。圧倒的に多いのは第3次調査地の西端であって、どうも第3次調査地の西側から北側に工房が展開していると推定できるようになってきていた。本格的にこの周辺を調査する機会がやってきたのは、一九九六年度から始まった史跡指定に向けた遺跡の内容確認調査である。第3次調査地の西側隣接地を第61次調査として、そして北側を第65次調査として二カ年実施した。実に二〇年ぶりに青銅器鋳造に関する研究が進展することとなったのである。

青銅器生産工房を示す遺構は、第65次調査地のほぼ中央で検出した炉跡一基（図42）だけであったが、遺物の分布状況からほぼ確信できるものであった。青銅器生産の道具類にあたる鋳造関連遺物の出土分布状況は、この付近より南側を中心に多く、特に南方二〇メートルに存在する二条の区画溝（第3次調査SD－04・05／第61次調査SD－101B・102B）からは、多量の関連遺

図41　南地区の青銅器鋳造工房跡（第65次）

図42　炉跡（第65次）

物が出土しており、最終的にはこの二条の溝を中心に北側にある工房から廃棄したものと考えられた。この二条の溝は、まさしく青銅器生産工房区を区画する溝であったと考えてよかろう。このようなことから、この工房区は、第65次調査の炉跡状遺構を中心におおよそ三〇メートル四方の範囲を想定することができたのである。

　青銅器の鋳造場所は、ムラ内部において計画的に配置されていた可能性が高い。この遺跡地周辺を含め奈良盆地においては、通常、生駒おろしといわれる西風あるいは北西風が吹いている。このような気象条件を考慮すれば、当然ながら火を使用する鋳造はムラの風下になければならない。さらには、青銅器等の鋳造技術や製品等の管理は厳しく行われていたことも想定するならば、ムラ内部にあっていちばん奥まったところに位置する南地区が適地であろう。

　ただし、鋳造場所は、南地区のなかではそれほど立地条件のよい場所ではない。南地区の北東端に位置し、前期から中期前半においては、区画溝が掘削されているような比較的立地状況の悪いところであった。中期中頃〜後半には竪穴住居などが配置されるようになるが、南地区の最も立地条件のよい場所はさらに西側の第33・69次調査地付近なのである。このことは、中期初頭の区画溝が埋没することによって、居住区が拡大することを容易にし、居住立地としては適地ではないこの場所に住まざるをえない状況があったことが想定される。そのような場所に、中期末から後期初頭にかけて青銅器生産工房が展開することになったようである。ただし、大和第Ⅳ様式以降、この南地区の特殊性が顕在化してくることから、青銅器管理を含めた性格付けでみていく必要がある。

各地区の性格

唐古・鍵集落は、弥生時代前期には三つの核（北地区・西地区・南地区）から集落が成り立っていたが、中期初頭に大環濠が成立した後も、前期以来の三つの微高地は立地条件がよい場所なので、遺構や遺物の密度が非常に高い。

各地区の内部は、さらに多数の溝で区画されたさまざまな地区で構成されていたようだが、各地区の構造と性格は、未調査部分が多く現段階では不明な点が多い。ただし、出土遺物から地区の性格を推定できる所もある。たとえば、ムラの西南部には河内や近江、紀伊など各地からの搬入土器が多く出土する地区、南部では木器の未成品が多く出土する地区、北部ではサヌカイトの原石や剥片がまとまって出土する地区などがあり、各種工人等の存在も考慮する必要がある。

これらのなかで調査が進行し、その内容が比較的みてとりやすいのが南地区である。この南地区は東西に長く、長軸二〇〇〓《メートル》、短軸一二〇〓《メートル》ほどの範囲になる。この微高地の東端はムラの出入口を確認した第47次調査地付近、西端は第44次調査地からさらに西側に拡がるようであるが、西地区との境は調査が進行していないのでよくわからない。そのなかで中心的な場所にあたるのが第33・69次調査地とその東側とみてよかろう。

この南地区は、北側を前述の青銅器工房区の南側を区画する幅三メートル前後の二条の大溝、南側を環濠ＳＤ－１１０９（幅七・二メートル、深さ一・四メートル）によって囲まれており、その中心的な位置は未調査でわからないが、その西端にあたるのが第69次調査地である。この調査では弥生時代中期後半から後期初頭に機能していた幅一～一・四メートル、深さ〇・五メートル前後の二条の並行する小溝を検出した（口絵2頁の上を参照）。わずかに屈曲しながらもほぼ南北方向に六〇メートル走行し、南側は環濠にとりつくもので、明らかに南地区を細分する小溝である。この二条の南北方向の区画小溝によって区画される範囲は、おおよそ東西五〇～六〇メートル・南北五〇メートルほどに推定される。この地区の北東側隣接地には中期末から後期初頭にかけて青銅器の工房が存在しており、これらを管理するための重要施設が近くにあったと理解することができよう。また、地区東側にはムラの出入口が設けられているが、この出入口はムラ北西部にあたる大和外部との接触点とは反対側、いわば盆地の内部側の接触点になり、いちばん奥まった位置、すなわち最も守備的な位置にあるといえる。

さらには、楼閣が描かれた絵画を含む多数の絵画土器（絵画土器の項を参照）が西・北地区よりも多く出土しており、南地区で絵画土器をともなう祭祀が盛んであったことをうかがわせるのである。絵画土器以外にも、銅鐸形や人形土製品などの祭祀遺物、鑿に転用された細形銅矛や木戈、大型管玉の多数の特殊遺物、井戸内部に充満した多量の籾殻層があり、これら遺物もこの周辺で祭祀が執行されていたことや重要地区であったことを類推させる。

このようなことから、南地区はその北側には青銅器の工房区が溝を隔てて隣接、西側には搬入土器が比較的多く出土する地区が存在するなど、青銅器や各地からの物資を集積・管理する施設が存在した可能性がある。これは、環濠集落の中央に中心的な施設が存在するのでなく、南東側の偏った位置に配置されていたことになり、環濠集落の構造を考える上で重要である。ただし、この中期後半から後期初頭の他の地区の性格が不鮮明であることから、三つの地区で南地区が優位に立っていたとは必ずしもいえない。今後の調査の蓄積が必要であろう。

お墓

大環濠集落を形成した弥生時代中期の唐古・鍵ムラの人たちのお墓は、いったいどこにあるのだろうか。前述したように奈良盆地の同時期の拠点集落の墓域（多遺跡、坪井・大福遺跡など）は環濠の外側二〇〇メートルあたりに造られており、また唐古・鍵遺跡の内部では方形周溝墓が見つかっていないことから、環濠の外側に形成していたと考えて間違いない。唐古・鍵遺跡から河あるいは谷を一つ二つ隔てたところに墓域を形成したと考えられることから、清水風遺跡や阪手東遺跡などで検出された方形周溝墓はその可能性が高いが、この巨大なムラの人口にふさわしい、また、富を蓄積したような大規模なお墓は今のところ発見されていない。周辺遺跡で検出されている中期の方形周溝墓は第Ⅶ章で触れるとして、ここでは集落内部の墓資料を説明しよう。

この時期の集落内でのお墓のあり方は、土器を

図43　土器棺墓（第61次）

棺に転用した小児用のものが六基（第13・40・50・59・61・65次調査）、穴を掘ってそのまま埋めた土壙墓（第33次）とよばれるものが一基見つかっているだけである。これらはムラはずれの環濠帯（第13・40次調査）や区画溝・居住区のはずれ・遺構密度の低い所（第50・59・61・65次調査）にあり、単独出土で墓域を形成しているとはいえないものである。土器棺は大和第Ⅲ・Ⅳ様式の大形の壺あるいは甕で、高さ五〇センチ程度のものを利用して棺の本体とし、その本体を塞ぐのは打ち割った別の大形の土器片を利用したものである。

小児用の土器棺墓に対し、成人用の土壙墓は唐古・鍵ムラの南端、第33次調査の環濠帯部分で検出されたものである。いちばん内側の環濠と二番目の環濠の間の土手部分に造られ、大和第Ⅲ－3様式で、長軸二・一メートル・短軸一・二メートル・深さ一五センチほどの小規模な穴である。土壙墓内からはわずかに歯が検出されたのみで副葬品はないが、その上部には高坏が供献されていた。このほか第13次調査でも大和第Ⅳ様式の土壙墓として報告したものもあるが、中期初頭（大和第Ⅱ－1様式）の可能性もあるので、成人墓のほとんどは集落から離れた場所に造られたとみてよいであろう（63頁参照）。このように中期の墓資料は小児用の土器棺が中心であり、土壙墓は存在してもわずかで集落縁辺に形成していたと考えてよい。

5　環濠集落の再建（第四段階）

第四の段階は弥生時代後期で、環濠集落の再建・発展期である。唐古・鍵遺跡では、中期後半から末にかけての洪水堆積層を各所で検出している。ムラを囲んでいる幾重の環濠や凹地に厚い砂層が堆積しているのである。この洪水以前にも何回か洪水に見舞われていることが第47・61次調査で検出された大溝内の砂層から判明しているが、この中期末の洪水層は砂の拡がりから全村的な災害であったと推定される。洪水は、当然ながら地形的に上流にあたるムラの南東部から北西方向に流れたと推測できるが、最も水量が大きいと思われる流れが唐古池の調査などで見つかっている北方砂層と唐古池南端で検出されている砂層堆積であろう。

この現象は唐古・鍵ムラの局地的なものでなく、各地の遺跡の動向から近畿一円であったと思われる。再建されるムラ、放棄されるムラ……新たな社会編成の始まりである。この災害は、唐古・鍵ムラを放棄させるには至らず、ただちにさらに大きなムラが再建された。大部分の中期の環濠は洪水層によって埋没したが、幅や深さを縮小したものがすぐに再掘削され、さらには新たな環濠がいくつも掘削された。その後、後期の期間を通じて、中期と同様、あるいはそれ以上の環濠群でムラが囲まれることになったのである。

ここで重要なのは、低地における中期の拠点的な大集落の大半が廃絶・解体、あるいは位置を変え縮小するのに対し、唐古・鍵ムラでは解体せずにさらに規模を拡大することである。非常に定住性の強い集落であり、ここに唐古・鍵遺跡の弥生時代を通しての特質が見られるのである。

表4　環濠の時期的変遷

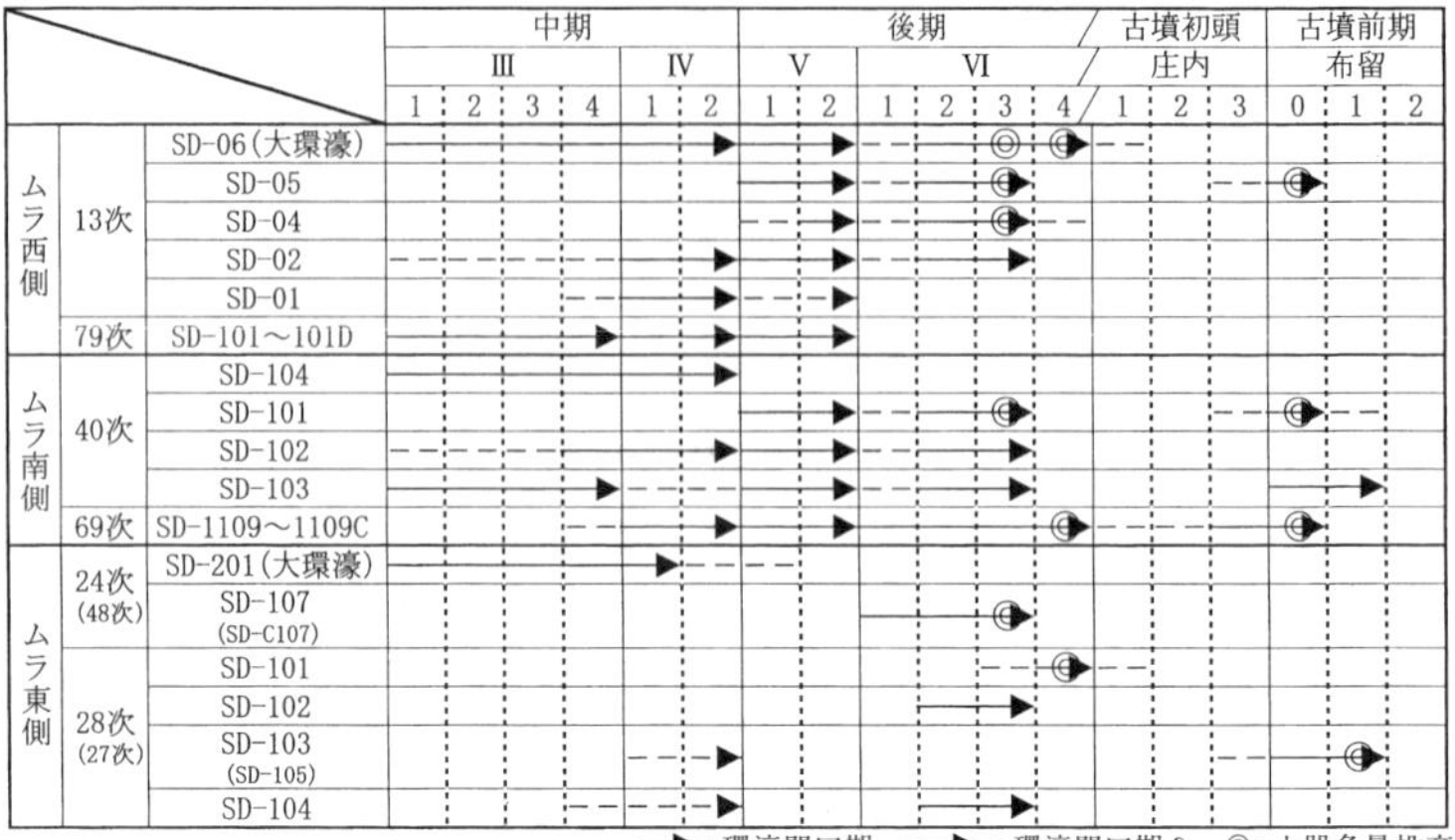

───▶：環濠開口期　－－▶：環濠開口期？　◎：土器多量投棄

弥生時代の編年は『奈良県の弥生土器集成』、古墳時代の編年は寺澤（1986）による。

環濠の変遷

後期段階の環濠の変遷をみてみよう。唐古・鍵ムラの環濠の時期的な変遷を示したものが表4である。そのなかで最も顕著に環濠群を検出したのは第13次調査である。この調査は唐古・鍵ムラの北西端に当り、中期から後期の環濠を五条とその内側の居住関係の遺構を検出した。この表でわかるように、中期の四条の環濠は中期末に埋没するが、いずれも後期初頭（大和第Ⅴ様式）には再掘削を果たし、さらにはもう一条新たな環濠が掘削され計五条がムラをめぐっている。後期前半（大和第Ⅵ様式）には、溝さらえなどが行われ機能していたが、大和第Ⅵ－3様式には大量の完形土器の投棄をもって埋没している。さらに、いちばん内側のＳＤ－０6では環濠の窪地を整地するかのように庄内0式、あるいは1式の土器が多量に廃棄されていた。

このような環濠の埋没状況は、南側の第3・

図44　環濠に多量に投棄された土器（第69次）

33・40次調査、東側の第24・28・34次調査でも確認されており、この行為は、ムラの局部的なものでなく、ムラ全体を対象として意識的に行われたと見てよいであろう。弥生時代後期初頭に掘削された環濠は、後期前半の溝さらえあるいは再掘削によって維持されたが、後期後半（大和第Ⅵ－3様式）には多量の土器の投棄をもって大半の環濠は埋没する。その後、最後の一、二条となった環濠も弥生時代終末期には最上層に多量の土器投棄がみられ、唐古・鍵ムラから環濠が消えることになる。ただし、ムラ内部の排水の問題もあり、排水路としての溝の機能はあったと考えられるだろう。このように環濠としての機能が消失していくが、後期全体でみれば生産・消費活動はまったく衰えていない。それは南地区における後期土器を多量に含む厚い遺物包含層や数多く検出される井戸からもわかるのである。

井戸　弥生時代後期の唐古・鍵遺跡では、今のところ際立った遺構や遺物はみられないが、注目されるのは井戸から多量の完形土器が出土することである。その多くに記号が描かれており、井戸祭祀が盛んであったことを示している。たとえば、南地区の第33次調査の後期前半（大和第Ⅵ－2様式、図45）の井戸・SK－125では、推定直径一・七メートル・深さ二・五メートルと規模はそれほど大きくないが、井戸底・中位・上部と

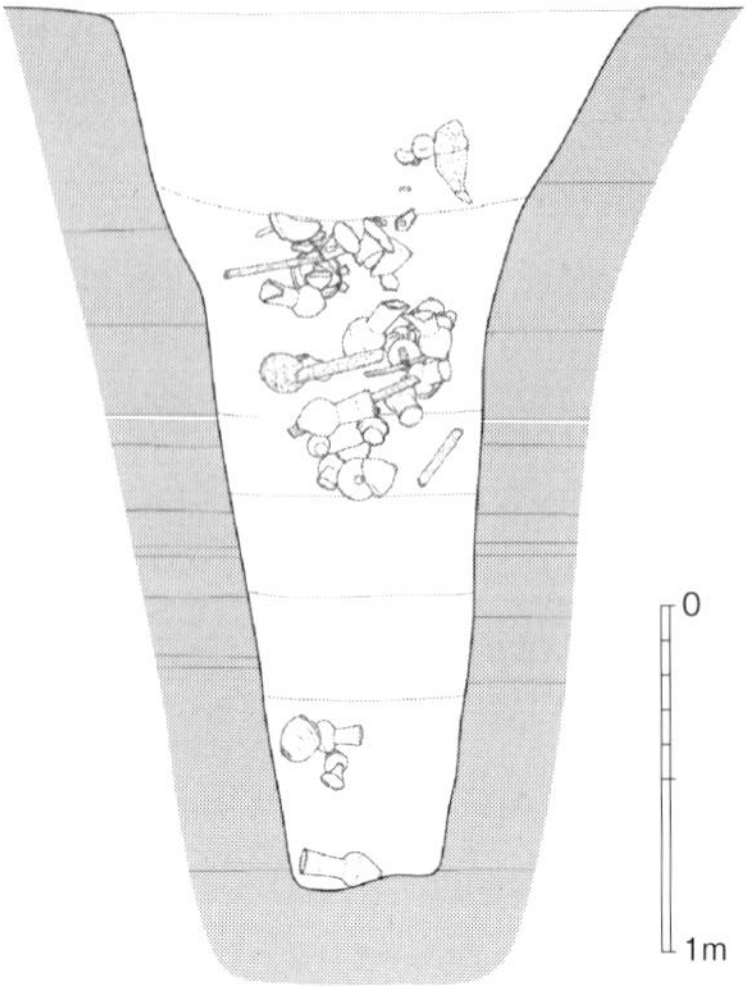
図45　弥生時代後期の井戸（第33次）

各堆積層から四〇点あまりの完形土器群が、また、西地区の後期後半の井戸・ＳＫ－１０１（14次）では約二二点の完形土器群が出土している。

このような完形土器群の内容は、後期前半は長頸壺、後期後半は広口壺あるいは甕や高坏などを含む多器種の土器へと変遷しているが、それらの多くに記号が描かれているのがこの時期の特徴である。このような井戸祭祀は、特に南地区や西地区に数多くみられるが、このような行為は唐古・鍵遺跡だけでなく、近畿地方中央部の弥生遺跡でも同様であり、この地域一帯にみられる文化として位置づけてよいものである。

また、後期の井戸の中には施設をもつものも出現している。井戸底の周囲に葮状のもので壁面を

図46　葮を利用した井戸枠（第１次）

保護したもの（第14次・SK－101）や、これに類似するもので割丸太杭を打ち込み葭を編み込んだもの（第1次・第21号地点）や杭と葭で壁面を保護した施設（第1次・第80号地点）が検出されている（図46）。調査者の末永は砂層中にあることから砂層中の地下水を汲み上げる施設だろうと推察しているが、これらも井戸壁面の保護施設であったと思われる。

図47　方形周溝墓（第65次）

後期の方形周溝墓

弥生時代中期中頃から後半にはムラの外に墓域を展開していたが、後期後半に異変が起こった。先に述べたように唐古・鍵ムラの環濠が埋没する段階に、ムラ内部に方形周溝墓が造られたのである。それは南地区のちょうど弥生時代中期後半に青銅器工房区があった場所に造られた。

第61・65・77次調査において方形周溝墓三基を検出し、最も良好に残存していたのが第65次調査で検出したST－101である（図47）。墳丘は削平を受けており、四周の囲む幅〇・七五～一・五メートル・深さ〇・二～〇・四メートルの溝のみ残存していた。この溝には、多量の土器が埋没していた。この土器群は供献土器というよりは環濠に棄てる行為と同様の性格のものであろうか。囲まれていた墳丘の範囲は八・五×七・二五メートルで、墳丘はなく当然主体部も残っていなかった。また、この方形周溝墓の南西四メートルにも方形周溝墓が造られており、その間には二基の壺棺墓も埋められており、当地が墓域として変質したことは明らかだ。この墓域は周辺の調査状況からすればそれほど大規模なものではなさそうであるが、確実に唐古・鍵ムラの大環濠集落の構造が変質していることを示しているだろう。

このように後期段階の遺構・遺物をみてくると、後期初頭にムラが再建されいったんは安定するようであるが、後期後半には大きく変貌する。環濠を取り巻く状況の変化と内部構造が連動するように変化しているのである。

6 環濠集落の解体（第五段階）

第五の段階は、弥生時代終末から古墳時代前期の時期であり、それまで維持されてきた「環濠帯」機能の消失期である。後期初頭に再掘削された中期の環濠群は、溝さらえ、あるいは再掘削、新たな環濠掘削によって維持されてきたが、後期末には多量の土器の投棄をもって完全に埋没することになった。この現象は、環濠の各所で行われており、それも完全な土器を多く投棄していることから、環濠集落の解体（放棄）にともなう儀礼的行為と考えることもできる。これは、環濠を必要としない新しい社会の誕生を表しているのであろう。ここでよく誤解されるのが環濠の消滅＝ムラ消滅という図式である。唐古・鍵ムラは廃絶したわけでなく、規模は小さくなったかもしれないがムラは経営されているのである。

古墳時代初頭（庄内期）における唐古・鍵遺跡の状況はあまり明確でない。それは、この時期の土器様相が纒向遺跡を中心とした奈良盆地東南部と異なり、庄内形甕が顕著でなく弥生形の甕が占めているからである。すなわち、唐古・鍵遺跡の古墳時代初頭の土器様相が明確化できないのである。たとえば、第28次調査で検出した環濠ＳＤ－

101は、弥生形の甕が中心であるが、わずかに庄内形甕も共伴し、庄内1式まで下げて考えることも可能になる。このような状況は、唐古・鍵遺跡のさまざまな地点で同様である。このような時期判定に苦慮する遺構・遺物に加え、それらの数量も今のところ多くない。ただし、唐古・鍵遺跡の微高地にあたる北・西・南地区においては、少なからず井戸や庄内式甕が検出されているので、集落としては空白期はなく継続していたとみなしてよいであろう。

図48　古墳前期井戸の供献土器（第5次）

　唐古・鍵遺跡では布留期に遺構・遺物が急増する。北地区では、井戸や祭祀土坑、大溝が検出され、土器や木製品などが多く出土する（図48）。特に重要なのは、第27次調査で検出された大溝である。これは、弥生時代中期（大和第Ⅳ様式）の環濠を再掘削したもので、布留0～1式のものである。この大溝はまさに弥生時代の環濠と同様、集落あるいは一地区を囲む大溝の性格をもっている。その中心は、唐古池の東側（第5・23・24・48・59次調査）と考えられる。

　西地区でも、井戸や大溝等が検出されており、この大溝も、弥生時代後期の環濠（第13次・SD－05）を再掘削したものである。この大溝は北側の第31・42次調査でも検出されていることから、一〇〇《メートル》以上の範囲を囲むか、区画する機能を有していたと考えられる。また、第11・38次調査の井戸からは山陰系の土器が出土するなど、閉鎖的な集落でないことを物語っている。なお、中期初頭の大型建物跡が検出された第74次調査地では、この建物の一部と重複する形で方形周溝墓が検出されており、居住区と墓地が近接する形で存在していることも明らかになってきている。この他、北西部にあたる第19次調査では管玉とガラス小玉を副葬した壺棺も検出されている。

南地区においても、弥生時代の環濠（第40次・SD－101・103など）が再掘削され、溝内から多量の遺物が出土している。この地区においても井戸等が検出されており、各地区とも同じような状況を呈しているのである。

これらの状況を総合すると、古墳時代前期（布留0式）にはおそらく弥生時代中期の大環濠をトレースする形で大環濠を各所で再掘削し、その内部では古墳時代前期を前後する時期から井戸等居住遺構が徐々に増加する状況がみてとれ、集住性が復活しているようである。ここで重要なのは、弥生時代の環濠を利用（再掘削）してムラを囲むことである。弥生時代中期以来、環濠集落という形態で弥生社会が営まれてきたが、環濠の放棄が新たに古墳時代の始まりを意味したにもかかわらず、再度掘削された布留期の環濠は重要な問題をはらんでいる。

このような唐古・鍵ムラの状況は、奈良盆地の他の拠点集落である平等坊・岩室遺跡や坪井・大福遺跡などでも同じようである。私はこれら弥生時代から継続的に営まれる拠点集落を「在地型集落」として位置づけ、このような集落に対して纒向遺跡はそれらとはまったく次元のちがう形態、つまり、搬入土器の多さや急激な遺構・遺物の増加と減少からして「広域・短期型集落」としてとらえている。これは、在地型集落の経営の上に成り立ち、その一部を結集した形として創出されたものであろう。

Ⅵ　さまざまな出土遺物

　唐古・鍵遺跡の出土遺物は、土器、石器、木製品、金属器、骨角器、獣骨や種子類の食料残滓などがあり、弥生遺跡のなかでも多種多様な遺物構成を有する遺跡として特徴づけることができる。これは地域の拠点集落として多くのモノづくりに関わっていること、そして遺跡の立地の標高五〇メートル前後の沖積地が保湿性の高い粘土質の土壌になっていたことが大きな要因となっている。後者の理由により、木製品や骨角器、獣骨、種子類の有機質遺物はそのままの状態で出土し、また、無機質の土器や石器も風化や酸化をせず当時の色そのもので出土するのである。高地性集落など丘陵性の遺跡から出土した弥生土器のほとんどが赤褐色を呈しているのに対し、低湿地の遺跡から出土した土器が黒褐色や灰褐色、暗褐色などさまざまな色を呈していることからも理解できよう。

　このような遺物の多様さと量、そして質を有している唐古・鍵遺跡の出土品は他の遺跡が及ぶところではない。ひとつの遺跡で弥生時代全期間のさまざまな遺物が揃う点で、この遺跡の重要性は非常に高い。さらにこれら多種多様な遺物は、溝や土坑などの遺構あるいは土層単位で把握するこ

図49　環濠から出土する多量の土器（第13次）

とができる点において、時期が特定できることや遺物の共伴から遺構の性格が推定できることなど、その資料的価値を非常に高めることができるのである。ここでは、唐古・鍵遺跡から出土した特筆される遺物についてみてみよう。

1　土　器

(一) 弥生土器

弥生集落で最も多く出土するのが弥生土器である。他の時代の原始から古代にかけての集落遺跡で出土する土器量と比較しても、弥生時代集落から出土する弥生土器の量が圧倒的に多いのではなかろうか。そんなふうに思うほど弥生土器は各地の弥生遺跡から多量に出土している。特に唐古・鍵遺跡のような拠点的な集落の場合、土器の出土量は半端ではない。なかんずく弥生時代中期後半以降、それも後期の土器は膨大である。多量の土器を製作消費した弥生時代バブルのようなイメージをもってしまうほどである。唐古・鍵遺跡で厚い土器包含層、「土器塚」を発掘すれば実感できるのだが、一日一〇数箱の遺物を取り上げるときなどはその量の多さに圧倒され疲れ切ってしまう。このような土器包含層は集落内部全体にみられ、まさに遺物でテル状（丘）になっていくイメージがある。唐古・鍵遺跡の場合、弥生時代前期から古墳時代前期にかけて遺構面（生活地面）

が二面ないし三面あり、三〇～五〇センチほどの土器包含層が形成されているのである。

　第1次と第2次調査を除く奈良県立橿原考古学研究所と田原本町教育委員会の一一二次に及ぶ発掘調査面積は約二万二〇〇〇平方メートルである。このうち居住区部分といちばん内側の大環濠にかかる部分の調査面積は約一万二七四〇平方メートル、この部分が当時の日常生活領域で、消費した土器などのゴミが廃棄された場所なのである。したがって、ムラの外側にあたる三本目や四本目の環濠からはほとんど遺物が出土せず、その地帯まで土器などを投棄するようなことはなかったようだ。この生活領域約一万二九九〇平方メートルでの遺物出土量は遺物箱（幅四〇×奥行六〇×高さ一五センチ）一万二二三箱である。これを容積換算すると約五五立方メートルで、このなかには土器以外の石器や木製品などもあるが八～九割は弥生土器であるから、その土器生産量の凄さはわかっていただけるであろう。では、このような膨大な唐古・鍵遺跡の弥生土器からどのようなことが読み取れるのであろうか。

　大きな成果としては、弥生時代の物差しとなる土器編年が組み上げられたことであろう。一九四三年に刊行された唐古池発掘調査の報告書『大和唐古弥生遺跡の研究』で小林行雄は、弥生土器の変遷を様式という概念を導入して、土器実測図・拓本など約七四〇点を掲載し、弥生式土器を五つの様式とそれに後続する第五様式第一・第二亜式に分けた。そして、それが故・佐原真によって近畿地方の土器編年に組み上げられ、現在に至っているのである。

　偉大な考古学者である小林行雄であるが、これを成しえたのは唐古・鍵遺跡という遺跡と巡り会えたからであろう。唐古池底から掘り出された何百という保存状態の良好な弥生土器、すなわち、

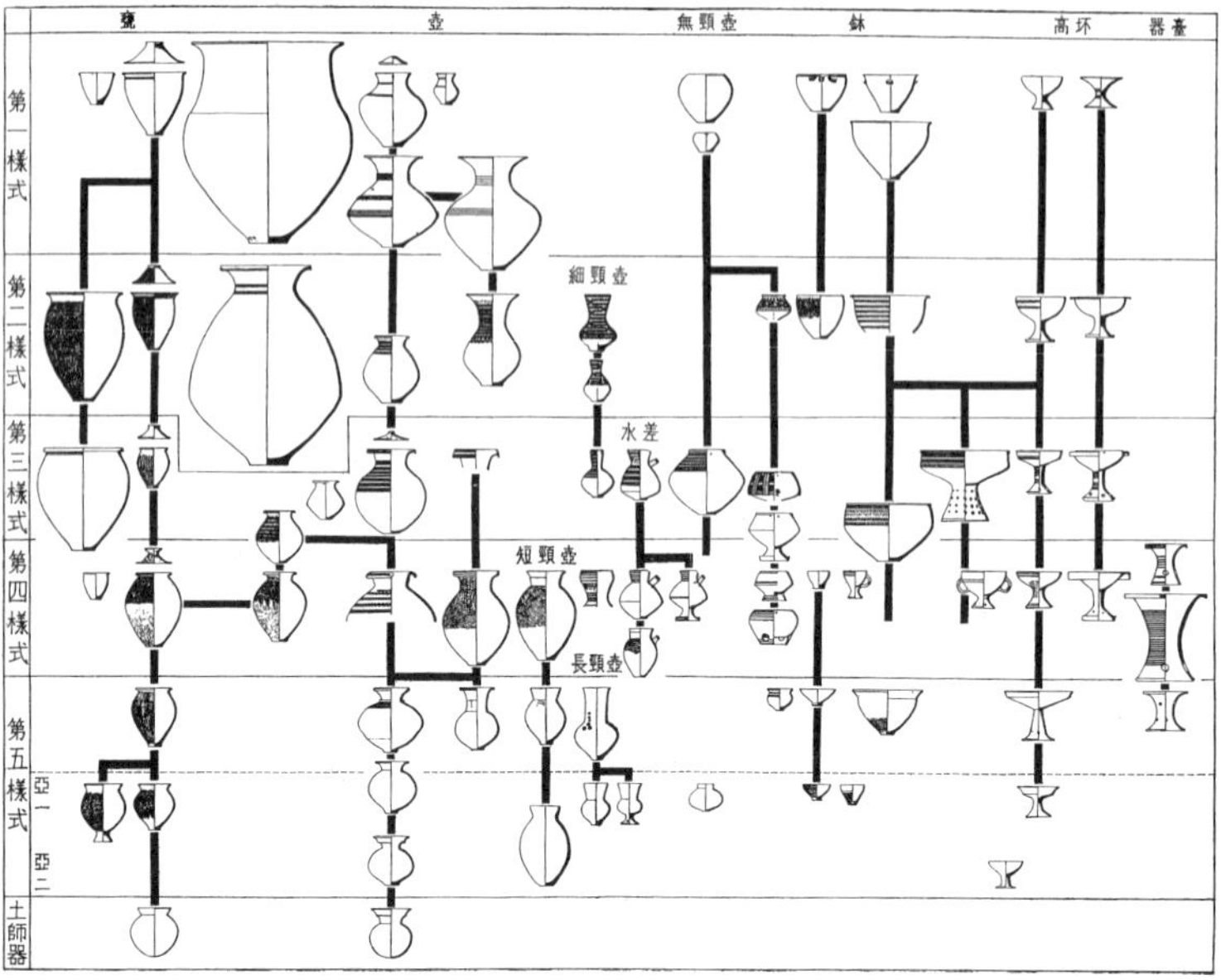

図50　小林行雄による「唐古発見弥生式土器各様式一覧図」

土器の質感や焼成・色調・製作手法などの情報が残されている弥生土器を調べ、型式変化を推察し、また、考古学の基本である一括性については「竪穴」という遺構からまとまって出土した土器から様式という概念を導入・総括し、「唐古発見弥生式土器各様式一覧図」を作成することができた（図50）。今から七〇年も前に現在の編年の骨格がこの遺跡でなされたということは、当時からその資料的価値が高かったことを証明していよう。

　そして現在、この土器変遷は深化・細分化し、一部研究者間で見解の相違もあるが、大和の弥生土器編年（大和第Ⅰ－1－a様式～大和第Ⅵ－4様式、表2を参照）は、唐古・鍵遺跡の土器資料を中心に六つの大様式とそれら大様式をさらに細分した二一の小様式からなっている。これを可能にしたのは、井戸や溝などから良好な状態で出土

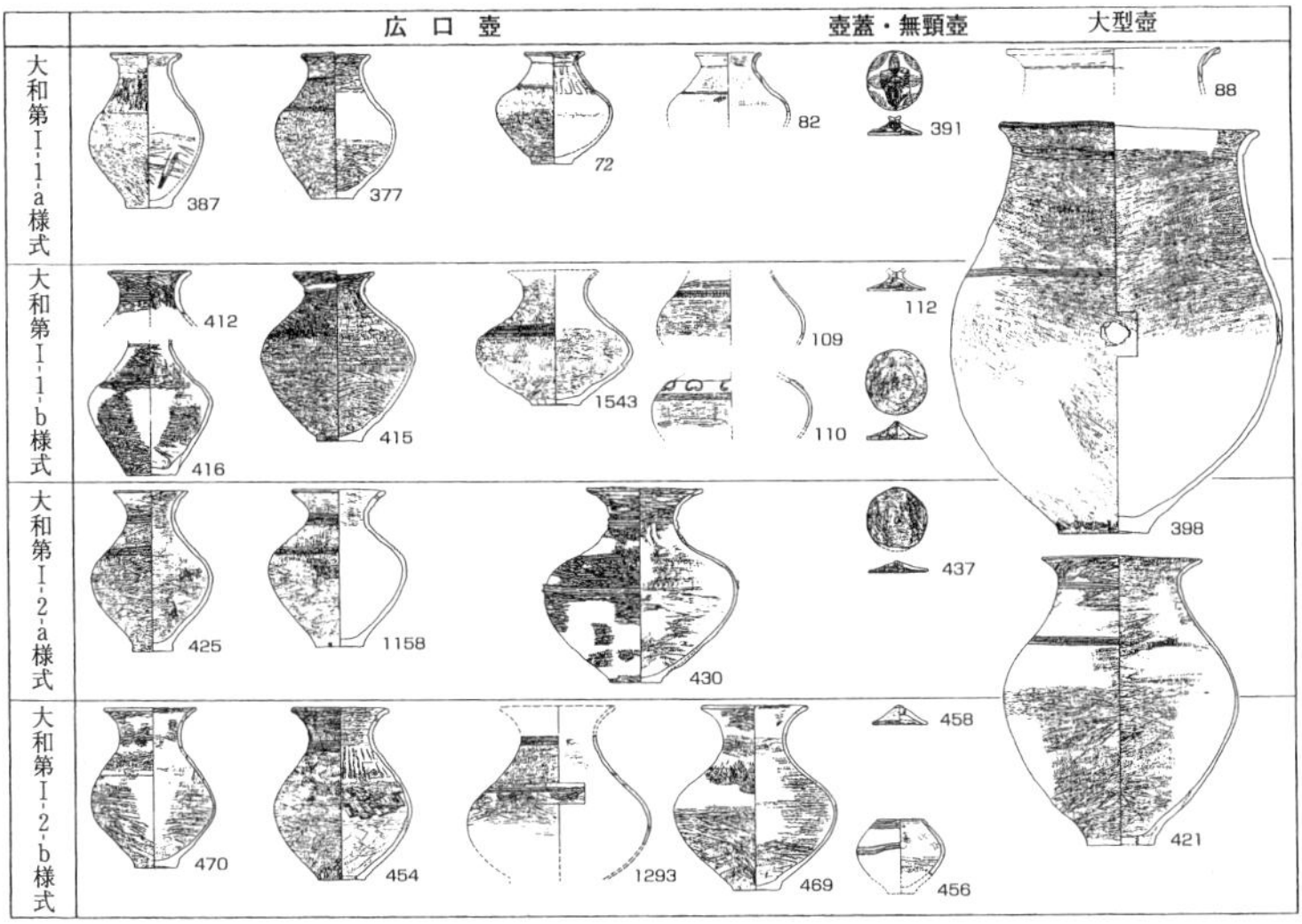

図51　細分された『大和様式の一部』

する土器で、一括性の高い遺物群として認識できるからである。また、唐古・鍵遺跡のような拠点的な集落は、生産消費の中心的なムラ（土器形式のブレが少ない）であり、かつ継続的に土器を製作（土器の系統・連続性）していることから、土器編年の枠組みを作る上では中心的な遺跡になるのである。

　唐古・鍵遺跡の弥生土器は、時期の変遷を知るための編年を組み上げるだけではない。他の地域から運ばれてきた土器も多く出土しており、この搬入土器と共伴した土器の様式がわかれば、搬入元との併行関係もおさえることができ、地域間の時期的な検討も可能になるのである。

　このような時代の物差しとしての土器研究以外にも、唐古・鍵遺跡の弥生土器はさまざまな情報を提供してくれる。たとえば、土器製作に関することもあげられよう。一つは土器の表面にあるネ

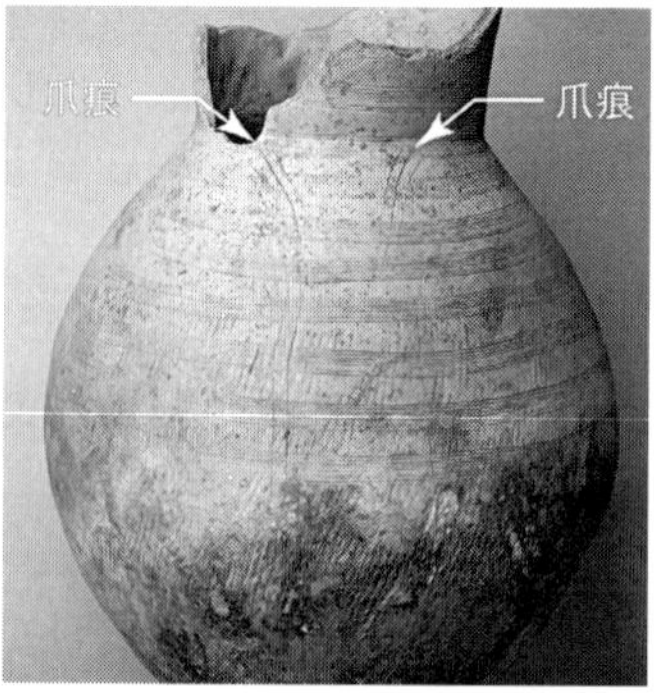

図52　ネズミの爪痕が残る土器

ズミと思われる爪の引っ掻き痕である（図52）。これは土器をつくり焼成までの乾燥させている間に、おそらく納屋のような場所であろうかネズミが土器に飛びつき、ずり落ちたときにつけられたようなキズ跡で、四本の線条痕が左右一対にみられるのである。このような痕跡は、唐古・鍵遺跡の弥生土器をよく観察すれば一定程度存在していることから、ネズミが徘徊するような環境に土器作りの場があったことが想像されるのである。

土器製作にともなうトラブルはこの他にもみられ、犬と思われる歯型が残る土器も出土している。これは壺の口縁部に丸い小さな刺突が弧状に四～六つ三列ほど付いており、おそらく数回軽く咬み、さらに口の付け根が当たったような痕跡もあることから、犬が作業小屋でじゃれているような情景も想起できる資料で、唐古・鍵ムラの牧歌的な一風景が浮かんでくる。このほか、製作途中で失敗し握り潰した土器片、ひび割れて補修した土器などもあり、当時の日々の土器作りのさまざまな情景が再現できるのである。このような土器情報の多さも唐古・鍵遺跡の保存状態の良好な弥生土器ならではの特徴であろう。

（二）絵画土器

弥生土器のなかでも特別な土器として絵画土器がある（図53）。絵画土器は、土器にヘラ状の工具を用いて建物や鹿などを描いたもので、弥生時代中期から後期、西日本、特に近畿地方を中心に

図53　唐古・鍵遺跡の絵画土器

出土している。全国で出土している絵画土器の総数は不明であるが、おそらく六〇〇点前後は出土しているのでなかろうか。弥生土器全体からみれば、極々稀な遺物であり、特別な土器であることは間違いない。そのなかにあって唐古・鍵遺跡から出土した絵画土器は三〇〇点を超え、隣接する分村の清水風遺跡を合わせると優に全国の半数以上を上まわり、絵画土器の分布の一大中心地であることがわかる。また、唐古・鍵遺跡の絵画土器は、森本六爾らによっていち早く学界に紹介されており、学史的にみても唐古・鍵遺跡と絵画土器は切り離せない特別な存在となっている。

唐古・鍵遺跡の絵画土器は、弥生時代中期全般にあるのでなく、弥生時代中期後半から後期初頭のごく限られた時期に描かれたもので、特に中期後半のものが圧倒的に多い。画題には鹿、建物、人物、船、魚など身近な対象が描かれているが、弥生ムラにあるすべてのものが対象となっているのでなく、選択的に描かれている。結論から言うと祭祀の場で使用された土器であり、そこには弥生の人びとが神聖なものとして考えていたものを描いたと私は推測している。この点については後述しよう。また、描かれた土器の多くが液体貯蔵に適した形の壺であり、水壺（酒壺）として考えられるものである。

感覚的なことになるが、唐古・鍵遺跡の絵画土器は他の遺跡の絵画土器に比較して、その筆致、表現力、画題の豊富さ、量ともくらべものにならず、文化的な水準の高さを感じさせる。これは基本となるような絵画を見ることができるような環境、そして度々絵画を描かなければならないような環境（まつりごとの執行）があったということであろう。

いまでは学校で絵の描き方を教えるから描けるが、当時だれもが絵を描けたとは考えにくい。故・佐原真は唐古・鍵遺跡で絵の描き手を養成していたと推定している。では、だれが絵を描いたのだろう。弥生土器は女性が作ったと考えられており、製作途中に絵を描いたものがあることが知られている。そうすると、唐古・鍵ムラの女性たちが楼閣や鹿の絵を描いたことになる。

図54　楼閣が描かれた絵画土器と復元図

楼閣が描かれた土器

さて、弥生時代の絵画土器として、最も著名な資料は楼閣が描かれた土器片であろう（口絵1頁上、図54）。それは、一九九一年十月～十二月に実施した北小学校プール建設にともなう第47次調査で出土した。しかし調査段階では、小片であり、また他の土器片と混在して出土したためわからなかった。調査終了後、多量の遺物の洗浄を開始し、四カ月を経た後の翌年四月に絵画土器の発見となったのである。

その建物絵画は、これまでに見たこともない二層屋根があり、故・佐原真を初めとする多くの弥生研究者に聞き、最終的には中国・漢代にみられるような楼閣状の建物でいけるだろうとなり、五月に報道提供した。この内容は各紙一面のトップ記事となり、田原本町始まって以来の反響となった。従来も唐古・鍵遺跡の存在は、研究者には知られていたところであるが、このニュースによって一般の人にも広く認知されることになったのである。その九年後、この第47次調査地の北側隣接地（道路部分）で第77次調査を実施し、この楼閣絵画土器片と同一個体の第三の破片を発見することになった。この第三の破片には、楼閣とは別の建物が描かれており、唐古・鍵遺跡の建物観がイメージできるようになったのである。

楼閣絵画土器が発見されるまでの一九九〇年までの弥生時代建物は、穀物を貯蔵する「高床倉庫」、居住のための「竪穴住居」、「平地住居」、「掘立柱住居（平屋住居・高床住居）」があり、また、吉野ケ里遺跡の柱穴からは「物見櫓」が推定されていた。しかしながら、弥生時代に二階建の建物が存在するとは誰も想像していなかった。言い過ぎかもしれないが、この楼閣絵画は竪穴住居と高床倉庫が点在し水田が隣接する牧歌的・原始的な「ムラ」から高層建築が建つ文化的な「都市」のイメージへと私たちの考えを一八〇度転回させるほど強いインパクトを与えたのである。それは、紀元一世紀前半の弥生時代に高度な建築技術があり、高層建物（二階建建物）が存在したこと、また、『魏志倭人伝』にみる楼閣と同様な建物が存在することを、絵画を通じて視覚的に明らかにしたのである。

また、近畿地方の中心地で発見されたこともあって、邪馬台国論争を巻き込み波紋は大きく広がった。それ以前のこのような先駆的な高層建築として注目されていたのは、吉野ケ里遺跡の環濠の突出部で検出された柱穴で物見櫓ふうの建物が復元されていたものであった。これは、鳥取県稲吉角田遺跡から出土した絵画土器をもとに復元されたものであるが、この段階では、大型建物に対する意識はまだ薄かったといえよう。それ以降、各地の遺跡では大型建物の柱穴が相次いで発見されるようになり、今や弥生時代の大型建物は、その性格まで論じられるようになってきた。唐古・鍵遺跡の楼閣絵画の発見は、弥生時代研究の一つの転換点をつくったといえよう。

　さて、楼閣絵画と別建物を描いた三つの土器片をみておこう。これら三片はムラを囲むいちばん内側の環濠の上面とその環濠の埋没直後に掘られた小溝（第47次調査）、環濠にとりつく大溝（第77次調査）から出土していることから、土器は破損後、破片がかなり広範囲に散らばったようである。大半は割れて失われているが、壺の頸部近くの一点と壺の胴部近くの二点の破片であり、前者は約九センチ、後者は約六センチと七センチの大きさである。これらを基に復元すれば、高さ五〇センチ程の大形の短頸壺になると推定できる。特に頸部近くの破片には、粘土紐の帯が装飾として付けられており、この特徴が弥生時代中期後半（第Ⅳ様式、紀元前一世紀前半）に限定できるのである。また、この壺形土器の形や大きさは、唐古・鍵遺跡ではごくふつうのものであり、この土器が唐古・鍵ムラで製作されたものであるということに加え、類例のない資料だけに時期と場所が特定できたことは、この楼閣絵画土器にとって重要なことであった。

　次に建物絵画の意匠に触れておこう。頸部近くの第一の破片には二層の屋根が描かれ、第二の胴部の破片は柱と梯子が描かれている。二つの破片は同一個体の破片にまちがいないが、二つの絵画が同一建物の上下の位置にくるのか、あるいは、二つの建物が並立していたのかはわからない。この二つのかけらから楼閣を復原するのに三通りの考え方ができる。一つは二層の屋根に梯子が取り付く案、二つ目は屋根をもう一つあると推定し三層の屋根に梯子が取り付く案、三つ目は屋根と梯子は別々の建物でこの土器に二つ以上の建物が描かれていたとする案である。仮に三つ目の案を採用しても、第一の破片には二層以上の建物が描かれていたことになり、その意義は一向に薄れない。私は、当初、第一と第二の破片が同一建物とし、三層の屋根に復原した。それは、二つの土器片の間が大きくあき、バランスよい建物にするならばもう一つ屋根、つまり三層建てにできるからである。しかし、建築の専門家からすれば弥生時代に三階建ての建物はとうてい考えられないようで、現在は第一と第二の破片を同一建物とし、二階建て建物を採用している。

この二階建て建物は寄棟づくりで、二つの屋根上には棟飾りが、また、軒先の両端にも渦紋の軒先飾りが表現されている。この渦巻き状の棟飾りは、この遺跡以外では清水風遺跡と他数遺跡しか見られない。棟に飾りをもつことは古代において一つの権威の象徴であって、この渦巻きの文様こそ唐古・鍵遺跡のシンボルであろう。楼閣絵画には棟だけでなく、軒先まで渦巻き状の文様で飾られており、他の建物よりクラスが高いことを示しているのであろう。屋根の表現は中央で合わさるように斜線で表現されている。このような斜線表現は、これまで見つかっている建物絵画の屋根表現にはないもので、一般的には斜格子で屋根の内部を充填しているのである。この斜線表現は、中国漢代の画像石の建物にもみられる瓦表現ではないかという意見もあったが、唐古・鍵ムラで描かれていることからからすれば、過大評価であろう。一階の棟上には逆S字を斜めにした三つの表現があり、省略された鳥と推測される。この表現については、当初、雲や建物飾りなどの意見もあったが、その後、清水風遺跡で楼閣と思われる建物絵画の棟上に鳥が描かれていたことから、この逆S字表現は鳥で決着したと私はみている。

次に第二の破片では、柱は一本線で描き、二本の柱とその間に架けられた梯子がある。二本の柱は、やや斜めで内向きに表現されている。この表現が写実的に表現されているならば、建築では「転び」という技法で建物の強度を増す建て方のようだ。まさに高層建築にふさわしい技術を採用していた可能性があるのである。梯子は、並行する二本の斜線の間にヘラで刺突を等間隔につけているもので、これは刻み梯子を表していると考えられる。刻み梯子は、復元された遺跡公園の高床倉庫などでよく見かけるもので、長い板や丸太などの片面に足をかける平らな段を削りだした梯子である。この楼閣にもかなり長い刻み梯子が架けられ、一階の床下に取り付くことから床下が出入口の構造になっていたと推測されよう。

この建物は、二層あるいは三層の屋根をもつ高層建築で中国の漢代の「楼閣」に似ていることから、漢の建物を描いたとする説もある。しかし、「唐古・鍵」的な渦巻き飾りのアレンジが見られることや、弥生土器にみられる高床倉庫、船、巫女、鹿、魚、鳥など絵画の多くが当時のムラの周辺にあったものを対象にしていること、土器が唐古・鍵ムラで製作されたことなどから、唐古・鍵ムラに建っていたとするのが妥当であろう。

次に第三の破片の別建物をみてみよう。建物は、建物の左端部分に推定できるもので、柱三本と屋根の軒先部分の斜格子がみられる。屋根は台形の形であることから寄棟づくりで軒先のラインが外側に延びていることから渦巻き状の軒先飾りがあったものと考えられる。屋根内部を充填している斜格子を延長していくとほぼ屋根の形が定まり、それに柱を加えていくと六本の柱に復元することができる。このことから、この建物は大型建物を描いていた可能性がでてくるのである。

これらのことから、この絵画土器には楼閣と大型建物が描かれたと考えられ、唐古・鍵ムラの中枢部の情景を表現していたとみなしてもよい。

もう一つの楼閣絵画

じつはこのような楼閣と推測できるような絵画土器が、第47次調査地の西六〇メートルでもう一つ出土している（口絵1頁上、図55）。大棟部分と立派な渦巻き状表現の棟飾りが描かれたもので、大棟の幅が狭く棟飾りが大きいのが特徴である。通常の平屋の寄棟建物として下半を復元するとバランスがとれず、楼閣とするほうがふさわしい。ただし、この絵画土器は、後期初頭（大和第V－1様式）の所産であるから、前述の楼閣絵画とは土器型式上、2型式（五〇年程度）ほど後出になる。五〇年以上、同じ楼閣が建っていたとは考えられないので、建て直しされた楼閣を描いたと考えていいだろう。また、どちらの絵画土器も唐古・鍵ムラの東南部から出土しており、この辺に弥生時代の中期後半から後期初頭、数世代にわたって楼閣が建っていた可能性が高くなった。前述したように南地区は、ムラの中枢機能があったとみてよいだろう。

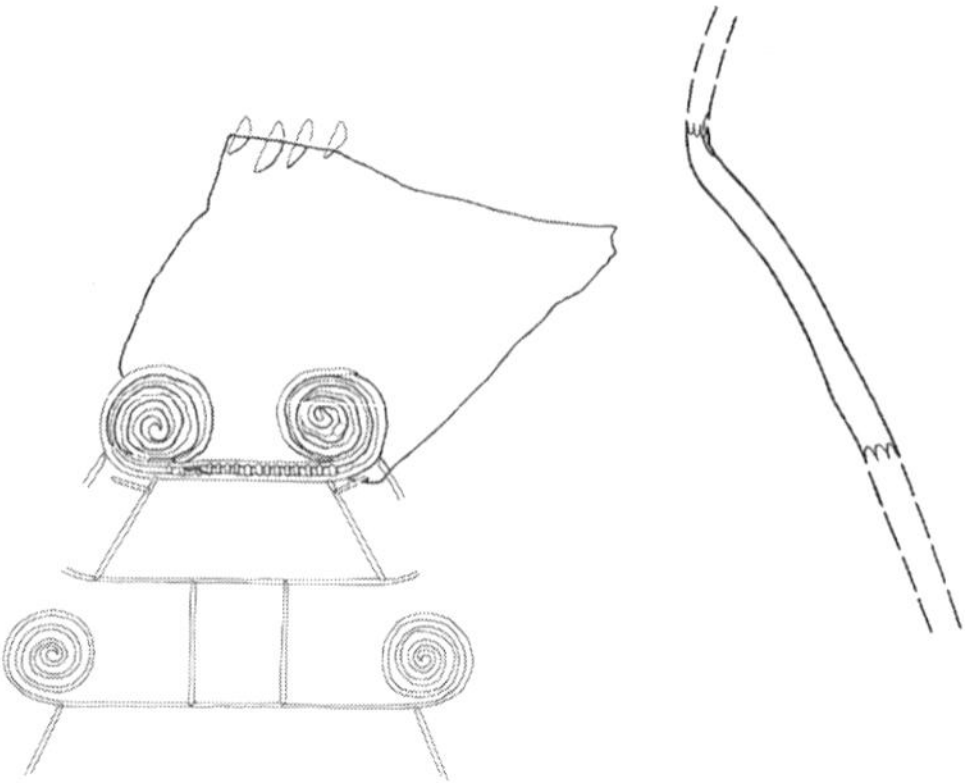

図55　後期初頭の楼閣と推定される絵画土器

その他の建物絵画

唐古・鍵遺跡では、楼閣のような特殊な建物以外にも多くの建物絵画がある。建物絵画の屋根構造は切妻造か寄棟造で、その下に柱が四本程度と梯子が描かれていることが多い。この切妻造建物を高床倉庫、梯子の描かれていない寄棟建物を平地式住居とみることも可能であるが、私は梯子の描かれ

図56　大壺に描かれた絵画

ていない寄棟建物については梯子や床が描かれていないだけで、高床建物を表現していると推定している。他の絵画でも省略が多くみられ、建物自体がシンボリック（神聖な建物）になっているからである。したがって、建物絵画の大半は、切妻造と寄棟造の高床建物で楼閣と同様に特別な存在として描かれていたと思われるのである。

建物以外の絵画

建物絵画以外にも、人物・鹿・魚・スッポン・船などの絵画がある。いずれも弥生時代の祭祀を考察する上で重要な構成要素である。人物表現には、両手を挙げる人物や盾と戈をもつ人物が多い。前者は再生、魂振りのポーズであろう。特に第8・22次調査で出土した大形壺に描かれた建物と女性性器を表現した鳥装の人物は有名である（図56）。盾と戈をもつ人物は弥生の戦士のようにみられているが、清水風遺跡の人物は頭に羽飾りを付けた鳥装の格好で、まつりの場での模擬戦かもしれない。

唐古・鍵遺跡の絵画土器には、意匠が単独でなく物語が展開するように並列的に描いているもの、当初の絵画を描き変えているもの、焼成後に石器などで後刻しているものなどさまざまな種類のものがあり、絵画から弥生神話を読み解いたり描く行為の意味するものを考察できるなど多くの情報を提供してくれるのである。

このような絵画土器は、完全な形で出土するこ

図57　伊勢湾地方の土器

とはなく、たいていは破片で他の一般的な土器とともに出土している。破片で出土することから、まつりの後、絵画土器を意識的に割って廃棄したように思われがちであるが、出土状況からすれば、絵画土器も最終的には通常土器と同じように使用し破損後にいっしょに投棄したと考えるほうがよいであろう。絵画土器製作時はまつりの場（ハレの土器）に提供するけれども、まつり執行後は日常土器（ケの土器）になったということである。唐古・鍵ムラでは、絵画土器が集中して出土する場所は見当たらないが、南地区にやや多い傾向があり、中枢機能のある場所周辺にまつりの場を想定することも必要であろう。

(三) 唐古・鍵ムラに運ばれた土器

唐古・鍵遺跡から出土した土器には、遠方から運び込まれたものも多い。弥生時代全期間を通じてみられるが、大きくは二つの流れがある。弥生時代前期から中期前半は、伊勢湾（図57）から東海地方の土器が多くみられる。特に条痕文土器が多く搬入されており、二枚貝の腹縁で直線文を描いた壺や内傾口縁土器とよばれる灰皿のような独特の形をした土器などが出土している。これに対し、弥生中期後半（大和第Ⅳ様式）になると、瀬戸内地域、特に吉備地方の土器が搬入されるようになる。この土器のなかで一際目立つのが、吉備の大形壺と大形器台である（図58）。

図58　吉備の大壺と器台

　吉備の大形壺は、ムラ北西部の大環濠（第19次調査）が洪水で埋没する過程（大和第Ⅳ－2様式）で投棄されたもので、破片で出土した。灰白色を呈し、ていねいな作りの高さ八四チセンもある大形品である。口縁部は上下に肥厚し、端部には三重の竹管文を斜線で繋ぎ連続渦文風に装飾している。頸部にはていねいな凹線文を巡らしている。余談になるが、この土器の胴部中央には吉備地域で多用される鋸歯文が描かれていたが、ミガキ調整によって消されていた。鋸歯文は銅鐸の周縁に多くみられ、辟邪としての意味も考えられている文様である。それが大壺に描かれ消されたということは、壺に封じ込める願いがあったのだろうかと想像してしまうのである。

一方、大形器台は、唐古池の南側堤防下の第51次調査の井戸から出土した。井戸は後期初頭（大和第Ｖ－１様式）で、その埋没過程では卜骨や盾など祭祀遺物の投棄場所になったようで、それらといっしょに器台が出土した。この器台も大形壺と同様に灰白色を呈し、精緻な連続渦文と凹線文の装飾文様を施しており、また、高さ約七三センチもある大形品で作風が大壺に非常に似ているものである。同じ土器づくり集団の作とみてもよいかもしれない。私はこの二つの土器について、出土地点が約二四〇メートル離れており時期も一型式のズレがあるが、同時に吉備から運ばれてきたのではないかとみている。

唐古・鍵遺跡では多くの搬入土器が出土しているが、壺と器台というセットでこれほどの大形品は今のところ出土していない。この二つの土器が日常で使用するような土器でないことは明白で、吉備との関係を象徴する重要遺物としてとらえておきたい。

弥生時代中期後半以降、後期にかけて近江地域の土器も目立つようになってくる。生駒西麓（河内地域）・紀伊地域など土器胎土や土器形態に特徴のあるものはすぐに判別できるのであるが、搬入されていても特徴が少なく判別できないものもある。総じて大和の隣接地域や大和地域内の遺跡間の土器を通しての交流は、多寡はあるとしても全期間認められそうで、唐古・鍵ムラが閉鎖的な集落であったとは考えにくい。むしろ、唐古・鍵遺跡を中心にみると、半径三〇〇キロの交流範囲が認められ、他の弥生遺跡では及ばない広域の交流圏を確立していたとみるべきであろう。

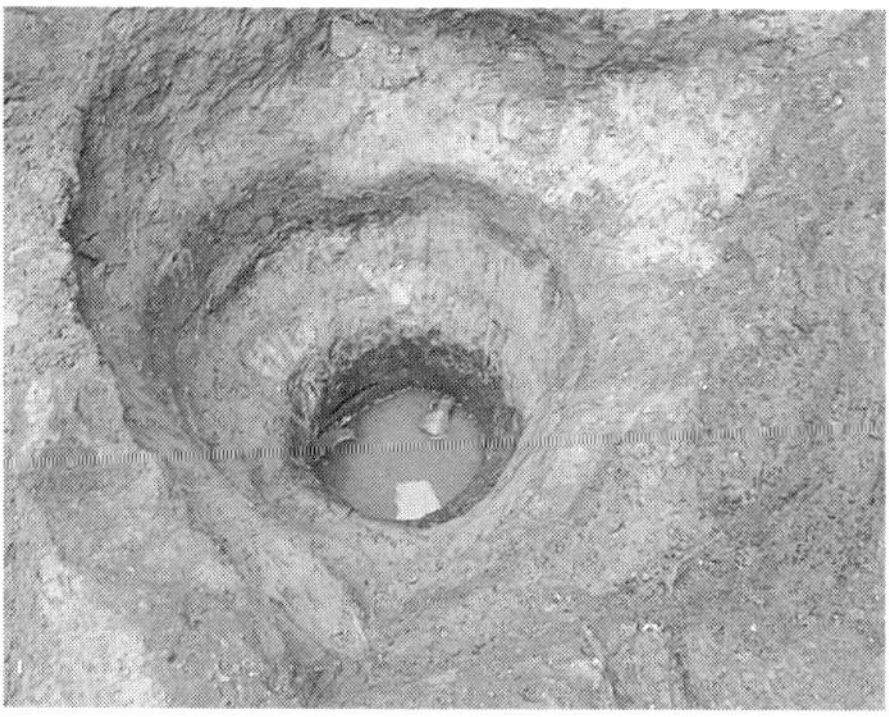

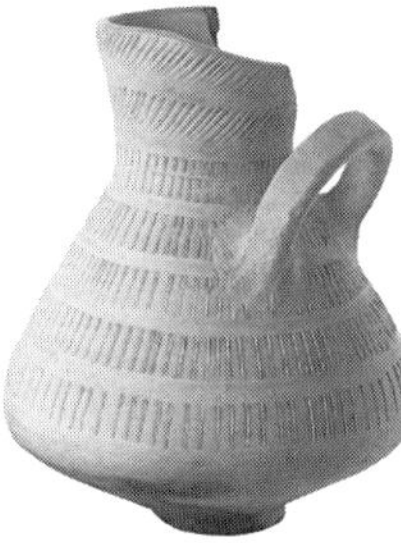

図59　井戸から出土した生駒西麓産の水差形土器（左）とその出土状況（上）

搬入土器も、唐古・鍵ムラ製作の土器とともに使用され廃棄されるのが一般的である。また、搬入土器が集中して出土することもないので、これら運ばれてきた土器がムラ内部でどのように流通・所有し、使用されていたのかは今のところわからない。そのなかでやや特殊なケースがあることも紹介しておこう。それは先程の吉備の大形器台にみられるように、井戸に供献土器として投棄される例である。唐古池西側堤防下の第37次調査の中期井戸では、生駒西麓産や摂津産の水差形土器、尾張（？）産の壺などが供献土器として数基の井戸に投棄されていた。このように搬入土器が井戸に供献される例は多くはないが、意識的に搬入土器を使用したようだ。それがどのような意味をもっていたかはわからない。弥生時代の搬入土器の位置づけについては、今後、土器胎土・形態・出土地点・時期・割合などさまざまな検討と数量的な処置も必要であり、課題となっている。

2　石器の製作

唐古・鍵遺跡は、奈良盆地中央の沖積地に立地

図60　集積されたサヌカイト原石（第37次）

するため、石器製作のための有用な石材は近くには存在しない。また、奈良盆地内を流れる河川はそれほどの大河川でないことから、河川からも採取することは無理であった。特に打製石器の素材になるサヌカイト、磨製石器の石庖丁の素材である流紋岩と結晶片岩は遠隔地から入手する必要があった。

打製石器

唐古・鍵遺跡の西方約一二キロ、夕日に黒くシルエットで浮かび上がる二つの山は万葉集でも知られる二上山である。この神秘的な二上山もかつては火山であった。火山活動でできた火成岩の一種で「サヌカイト」という非常に固く、黒い石がある。このサヌカイトは人類がまだ土器を知らない二万五〇〇〇年前から鉄器が導入される一九〇〇年前ぐらいまで営々と道具に加工され使われていた。唐古・鍵ムラの人たちも例外ではない。石鏃や石剣などの武器、錐や鑿の工具、皮剝ぎや叩き石など生活のあらゆる場面でこの硬くて刃の鋭い石器が登場する。石器でいちばん多いのはこのサヌカイト製品である。統計処理された居住区部分九件分（三八〇五平方メートル）の調査で約二七四キロ分のサヌカイトの石器や剝片が出土しており、これを居住区全体（約一八万平方メートル）でみるならば、約一三トンという膨大なサヌカイトが唐古・鍵遺跡に運び込まれたことになる。

唐古池内部の南西隅を調査した第37次調査で、

図61　さまざまな打製石器

浅い土坑からほぼ人頭大で重さ二・五〜一一・五キロのサヌカイトの原石が六個並んで出土した（図60）。何かの理由で使われず、忘れられてしまったようだ。他の弥生集落でも少なからず見つかっているものである。これら原石の表面は風化しているため、白くなっているが、その一部は小さく割れていて黒い面が見えている。どの原石も同じように割れている。弥生の人たちが石を採取したとき、現地で使える石かどうか石質を判断するため、わざと割っているらしい。唐古・鍵遺跡では、このような大きさの原石がまとまって出土したのはこれだけである。ムラに運ばれた原石は、すでに消費され製品となっているため、このような形で残されることはない。このようにみると、原石がムラに運び込んでくるときの大きさや重さ、状態、保管の仕方などがかかわる資料として重要である。

前述の統計処理では、サヌカイトの地区ごとの一平方メートル《メートル》当りの出土重量も算出されており、中央区（一五一g／㎡）・西地区（八一g／㎡）が多く、南地区（五二g／㎡）が少ないことが明らかになっている。また、この両地区での石核・石器も多い傾向が読み取れ、この地区が石器製作の場になっていたことを示している。この統計処理された調査地点は、先程の原石六点が出土したところと近接している。また、石器製作時にはサヌカイトチップ（剥片）が多量に出て、この不要品は廃棄されることになるが、その廃棄土坑も周辺で見つかっている。このようなことを総合すると、この辺りでサヌカイト原石の保管から石器製作、サヌカイトチップの廃棄までの一連の工程が行われていたと推定でき、唐古・鍵ムラの内部構造の一部がみえてくることになる。

唐古・鍵遺跡のサヌカイト製品は、弥生時代前期から中期を中心に製作されたもので、他の近畿弥生集落での製品の種類との差はあまりない。感覚的になるが、拠点集落ゆえに製品の質の高さや圧倒的な量の多さは特化されるであろう。これら石器は単独で使われるものもあるが、柄や鞘に収まるものも存在する。これは石器の使用方がわかるものとして重要になる。ここでは、それら二、三について触れておこう。

一つは鞘入り石剣である（図62）。この石剣は、唐古・鍵遺跡の北西側の環濠（第13次調査）の埋没過程の凹みに投棄されていた。この凹みには、丹塗り盾・箕・完形の水差形土器や甕・異形高坏・炭化米・緯打具・火鑽板・着柄鋤等もいっしょに投棄されており、祭祀遺物が一括廃棄されたものと推定できる。この鞘入り石剣は、打製石剣が鞘に収まったままの状態で出土した唯一の例であり、また、石剣の中央から基部側にはサクラ

図62　鞘入り石剣（第13次）

の樹皮と思われるものがていねいに巻かれていて剣の柄部と判明し、短剣としての形態・用途を証明する資料となった。剣の柄部に樹皮を巻くことは、当然のように思えるのであるが、有機質である樹皮は消失してしまい証明できないのが現実なのである。これまでは、このような長く平行する刃部を有する形態の石器について、石剣あるいは石槍とも判断できない状況であった。大阪府鬼虎川遺跡で石剣に樹皮を巻いたものが一例出土していたが、唐古・鍵遺跡の鞘入り例によって、短剣としての機能が確実になったのである。

さて、木製の鞘はヒノキ製の板を浅いU字状に加工してたがいに合わせ、両端を樹皮で縛っているものである。鞘の片面には鞘を垂下させるための紐通孔が斜めに二孔穿たれている。奈良文化財研究所の深澤芳樹は、唐古・鍵遺跡の鞘を復元し装着方法を推定しているが、それを見ると弥生の人たちの短剣を装着した身なり・行動が浮かんでくるようである。

第二は、柄に装着された状態で出土した石戈である（図63）。これは西地区北半の第93次調査の井戸から出土したもので、戈と柄の関係がわかる一級資料である。柄は三分の二程度残存し、石戈が装着される頭部は緩やかに湾曲する形態である。握り部は、断面が丸く細くなっており、この柄が長柄ではないことがわかる。特に注目できる点は、サヌカイト製の打製石戈の基部がそのまま

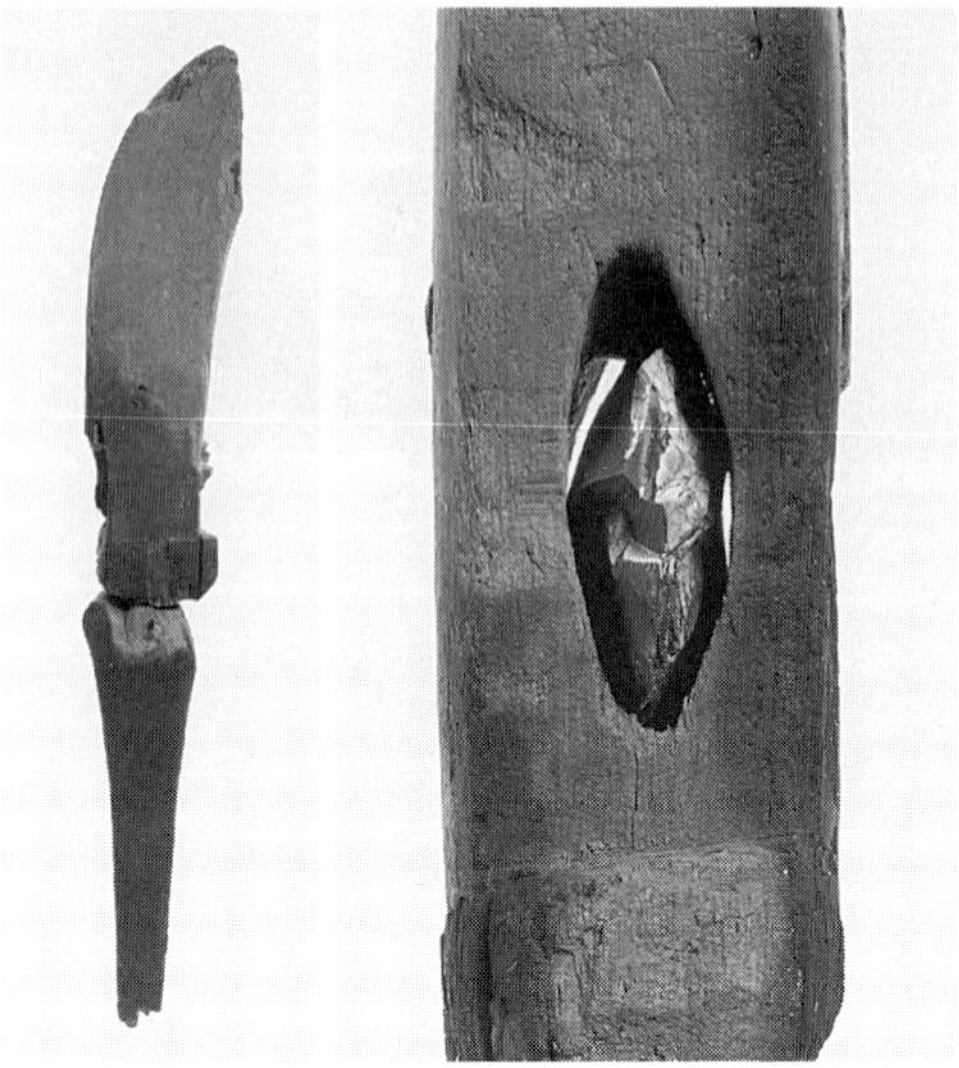

図63　打製石戈が挿入された柄　右：全体、左：装着部拡大（第93次）

柄頭部の内部に残存していたことである。これによって柄と石戈の装着角度を知ることができ、およそ七五度であることから近畿地方の石戈の装着の一例が鋭角であったことが証明されたのである。さらに、この柄は石戈の固定に木釘を使用するなど、製作者の心憎い細工がみてとれる。

第三は、柄に装着された石小刀である。石小刀は長さ一〇センチ、幅一・五センチほどの平たい石器で、先端が鳥の嘴状に湾曲する特異な形状である。先端の特徴から工具のような用途が推定されている。遺跡南端の井戸ＳＫ－１２３から長さ六センチの木製の柄が出土したが、その柄には石器が挟まっていた。柄は丸棒で中心部にスリットを入れて石器を挟み込み、サクラの樹皮で緊縛した精巧なものである。残念ながら、石器は柄の内部のみで先端は折損しており、石小刀と断定できない。しかし、その基部の形状や柄にかかる力（緊縛の欠損状況）からほぼ石小刀と推定できるのである。

このように石剣や石戈、石小刀など無機質な石器だけでは当時の状況を復元することは困難で、付属する木質などの有機質からその装着方法や使用方法がわかるのである。

図64　耳成山産の石庖丁製作工程

磨製石器

次に磨製石器である石庖丁と石斧についで述べよう。唐古・鍵遺跡では、石庖丁の石材は時期によって異なり、前期段階は耳成山産の流紋岩、中期は紀ノ川流域産の結晶片岩が使用されている。

耳成山産の流紋岩製石庖丁については、集落の分立の項（53頁）で触れたので詳細は省くが、流紋岩の原石・剥片・石庖丁製品を含めたそれらの出土場所は、集落全体では散漫としている。そのなかで特質されるのが、遺跡南西部の第16次調査での出土である。この調査では大和第Ⅱ－1～3様式の西地区を区画すると思われる大溝を検出している。この大溝とその周辺から流紋岩の原石・石庖丁未成品、石庖丁折損品・剥片（石屑）が多量に出土した。原石の重さは約九・三キロで人頭大である。サヌカイトの原石もそうであったが、およそ一〇キロが運搬・加工など扱いやすい単位であろうか。また、第16次調査地の南一四〇メートルの第52次調査地点でも多量の流紋岩原石が出土しており、弥生時代前期には集落南西部に流紋岩製石包丁の生産の場があったと考えてよい。

この流紋岩は非常に硬いので、効率よく割り適当な大きさにしていくのがかなりむずかしいらしい。出土した剥片の多さからも想像に難くない。また、粗割から磨きによって薄くするのもたいへん手間がかかり、薄い石庖丁をつくるのはかなりの労力になるようだ。また、できあがった石庖丁

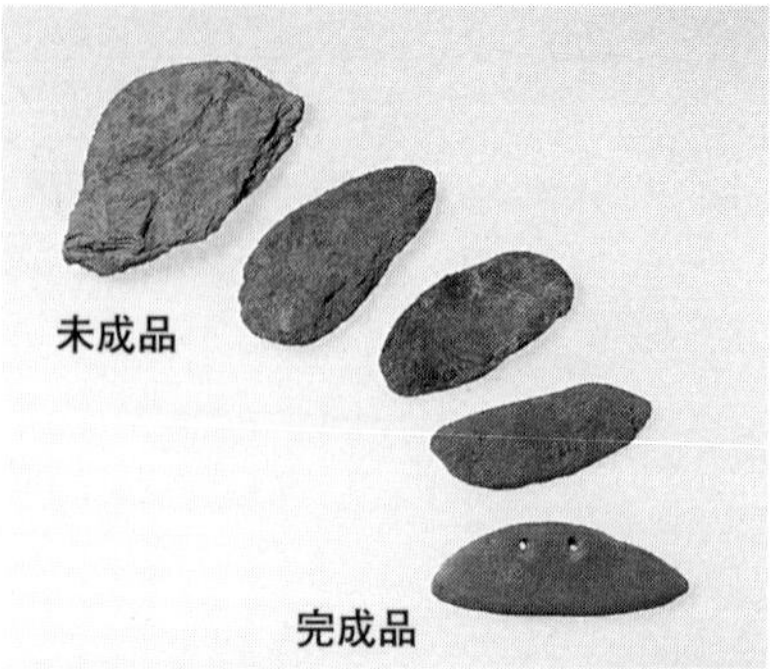

図65　紀ノ川流域産の石庖丁製作工程

も硬いので刃こぼれしやすいという欠点もある。唐古・鍵ムラの人たちも苦しんだにちがいない。かくして、効率よく使いやすい石材が求められることになったであろう。その石は、奈良県から和歌山県を横断する紀ノ川の流域で採れる結晶片岩である。

　この結晶片岩は緑色を呈し、緑泥片岩ともよばれる石材で、薄く割れ流紋岩ほど硬くなく加工しやすい。弥生時代中期以降石庖丁が使用されなくなるまでの間、近畿地方南部の弥生集落ではほとんどこの石材が使用された。唐古・鍵遺跡においても、スムーズに石材の転換が図られたようで、結晶片岩の素材を紀ノ川流域のムラから入手できるルートを開拓し手に入れたのであろう。

　唐古・鍵遺跡では、今のところ結晶片岩の原石らしきものは見つかっていない。かなり進んだ粗割り程度、すなわち石庖丁の形態に近いものしかないが、それ以降の未成品と完成品は出土しており、製品化と消費は膨大であったことがわかる。石庖丁の未成品は、集落の一部に偏ることなく出土することから、各地区において製品化されていたと考えてよい。石包丁の製品と未成品の各調査地点の割合は、一〇対一前後であるが、集落中央部の第53次調査地点では、未成品の割合が三八%と高く（結晶片岩製大型石庖丁八点・同製石庖丁九八点・同未成品四一点）、この調査区周辺での製品化が他地区より多く行われていたことがわかる。この傾向は注目される点で、前述のサヌカイ

図66 矛形石製品

ト製打製石器の生産の場と重なり、弥生時代中期の打製・磨製の石器生産がこの地区で優位に行われていたことを示すものになろう。

石庖丁以外では、磨製石斧類が次に多く出土する。磨製石斧には、太型蛤刃石斧や柱状片刃石斧、扁平片刃石斧があり、全石器の五%前後を占めるが、出土地点での差はあまり見出せない。大半の石斧類は折損した後もさまざまなものに転用されており、石材入手に困難な唐古・鍵遺跡であるがゆえの現象であろう。太型蛤刃石斧は敲き石や磨石に、柱状片刃石斧はさらに小型のものに転用される。これに対し、小型の扁平片刃石斧は石庖丁からの転用品が目立ち、使用者レベルでのリサイクルが定着していたと思われる。注目されるのは太型蛤刃石斧や柱状片刃石斧類の未成品が、唐古・鍵遺跡ではまったく見当たらないことである。磨製石器といっても、石材によってその入手ルートや生産体制も異なることが想定されるのである。

石庖丁や石斧のように日常的な道具類とは異なり、特殊な磨製石器もその一方で存在する。黒色を呈する頁岩や粘板岩で製作された磨製石剣や磨製矛形石製品、石材は未同定であるが環状石斧などで、数量的にわずかでこれまでの調査分をすべてあわせてもそれぞれ数点である。これらの石器は、唐古・鍵遺跡では未成品はなく、石斧と同様に製品がムラに搬入されたのであろう。

特に矛形石製品は他に類例のないものである（図66）。断面が楕円形の棒状を呈する形態で、先端に向かって細くなるが、先端は欠損している。この製品の特徴は、身部の片側下端に環状の耳が

図67　環状石斧・多頭石斧・石棒

付くことと基部が方柱状の有茎で柄に挿入されるような形態になっていることである。このような形態から矛と推定されるが、本来の青銅製の矛は北部九州を中心に分布しており、近畿中央部にはみられないものである。唐古・鍵遺跡にこのような矛模倣品が存在することについては、どこで製作されたかという問題も含めて武器形祭器のあり方について検討が必要であろう。

縄文的色彩を残す石器

唐古・鍵遺跡では、弥生時代前期から稲作農耕が定着し、石庖丁や太型蛤刃石斧・柱状片刃石器など大陸系磨製石器の生産も行われていたが、このような石器の道具とは別に、精神文化を表すと考えられる石器、石棒も出土している。唐古・鍵遺跡では三点の石棒が出土しているが、いずれも縄文的な長大なものでなく、弥生的な小振りなものに変化している。第23次調査で出土したものは、長さがたった一〇㌢しかなく、また扁平なものになっている（図67右）。もう一つ、縄文時代からみられる環状石斧・多頭石斧といわれる磨製石器も出土しており、縄文的な色彩を残す石器と考えられている（図67左）。これは、円盤状あるいは花弁状の中心部に円孔があり、この孔に棒を通して使ったと考えられているものであるが、石斧でなく武器説・儀仗説などが推定されている。

3　木製品と木器未成品の貯木

唐古・鍵遺跡では、弥生時代前期から後期までの全期間において、木器の生産を行っていた。それを示すのが原材や製作途中の木製品、あるいは削り屑で、当地で製作していたことを物語っている。木製品の製作は、原材から一気に製品までの製作はしておらず、おそらくは数年かけて、必要に応じて製作していたらしい。その期間、木製品を水漬け保管していたようであるが、保管状況は弥生時代前期と中後期で大きく異なる。

弥生時代前期では、それ専用の土坑「木器貯蔵穴」が群在して検出されている。この木器貯蔵穴については、すでに述べているので詳細は触れないが、前期段階の微高地になっている西地区や北地区で、前期初頭から多く見つかっている。これに対し、南地区ではそれほど目立たない。このことから、前期段階における木器の生産の場は、西地区や北地区であったといえよう。このような前期の木器貯蔵穴のあり方は、居住区の微高地上に広範囲に占有するものであり、木器生産が重要な位置を占めていたことがわかる。

このような前期段階の木器の管理、すなわち積極的に大地に穴を掘り管理するという方法に対し、中後期では環濠や区画溝、井戸の埋没過程の凹みを利用しており、やや成り行き的、場当たり的な管理ともいえる方法である。これは、環濠がない段階とある段階のムラ環境の違いであろう。環濠がある段階は、すぐそばに貯木するための水があるわけで、わざわざ大地を掘削する必要がなかったといえる。いずれにしても、前期の木器貯蔵穴、中後期の環濠・区画溝・井戸などから多量の木器未成品が出土することになる。

図68　容器・杓子の未成品

貯木されている木製品は、みかん割りをした原材（素材段階）から各種製品の各工程のものが存在する。また、ケヤキの原木が井戸（第37次調査）や環濠内（第13次調査）から出土しており、集落内へ原木ごと運び入れていることがわかる。これら未成品は、時期により製品の形態の変化がみられるものの、ほぼその製作手法や工程について変化はみられないようだ。

木製品の種類は、鍬・鋤・臼・杵・槽・斧柄・工具柄などの農工具、壺・高坏・鉢・杓子・匙などの食膳具、糸巻具・緯打具・布巻具などの紡織具、木錘や横槌などの編み具、梯子・柱などの建築材、弓・盾・木鏃などの武器・狩猟具、火鑽臼や鈎状木製品、木製戈など祭祀等に使用される特殊な木製品がある。唐古・鍵ムラの人たちの生活のあらゆる場面で木製品が登場しているといえる。これら木製品の樹種は、カシやヤマグワ、ケヤキなど広葉樹が広く使用され、また、盾はモミ、弓はイヌガヤなど製品の特性に合わせた樹種も選択されていた。唐古・鍵ムラ周辺に植生する樹木を大いに利用し、それらをこのムラで生産・消費していた。

このように、木製品が保存状態良好で残る環境にあったことに加え、木製品を製作する匠の技と水準の高さ、また、その工程を管理するシステムが整備されていることこそ唐古・鍵遺跡の特徴をよく表しているといえる。

今後、詳細な検討が必要であるが、弥生時代中期の未成品は西・北・南の各地区の各所から出土しており、木器生産の場に偏りがあるようにはみえない。それに対し、後期初頭の南地区の様相は特筆される。唐古・鍵遺跡の南東側の環濠内（第3次調査・SD－02、第69次調査・SD－1109）から多量の農具未成品が出土しているのである。この二つの調査地は八〇メートル離れているが、この二地点の間にも未成品が貯木されている可能性があり、だとすれば後期初頭段階の貯木量としては遺跡内で突出する。中期までの木器生産体制が南地区に集約されていくのかもしれない。

4　機織りと編み物

布を織る技術（機織り）は、大陸から伝えられた新しい技術であった。縄文時代には、「編むこと」によって編布のようなものが存在したが、弥生時代になると「織ること」によって緻密かつ繊細な布をつくることができたのである。石器作りや木器作りが男の仕事であるのに対して、この機織りは女性の仕事であろう。

唐古・鍵遺跡からは機織りに関係する遺物が少なからず出土している。糸に撚りをかけるための各種紡錘車（石製・土製・鹿角製・土器片を利用したもの）、機の部品である布巻具、緯打具、布を縫うための骨針、糸巻きなど、生地の製作から裁縫までの一連の品々である。

『魏志倭人伝』には、倭王が魏に献上した品目の一つとして「青縑《せいけん》」がみられる。それをさかのぼること五〇〇年、弥生時代中期初頭の布切れが唐古・鍵遺跡第23次調査で見つかっている（図69）。それは、イノシシの骨などを多量に投棄した穴からいっしょに出土した二～四センチほどの布切

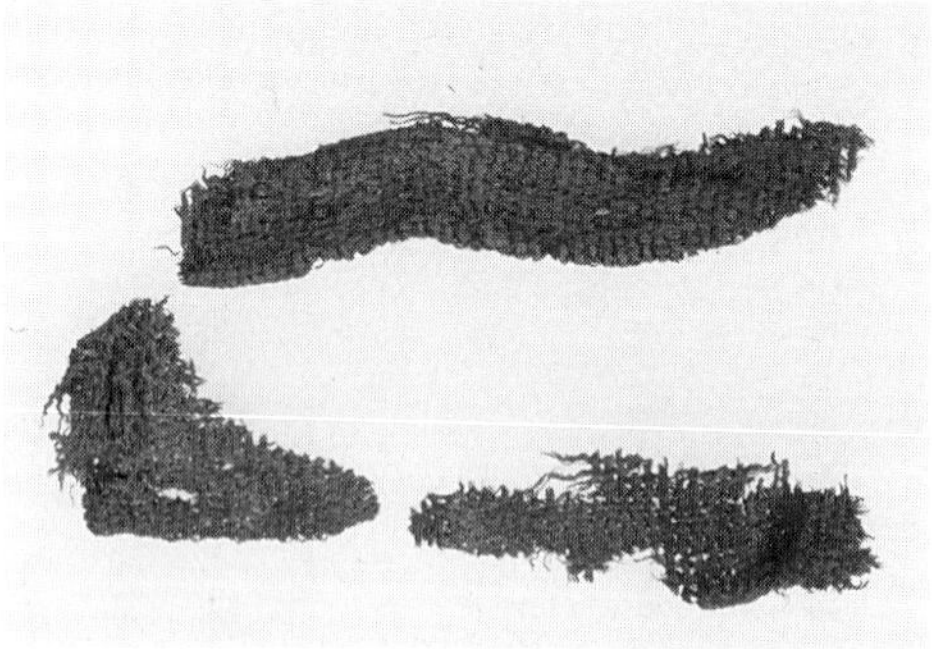

図69　炭化した布切れ（第23次）

れ片約二〇点で、黒く炭化しているため本来どのような色合いであったのかわからない。弥生時代の布切れが見つかることは希で、近畿地方では大阪府池上曽根遺跡ほか二、三遺跡であろう。唐古・鍵遺跡のものはさいわいにして炭化していたため、腐食しなかったのである。故・布目順郎の同定により、大麻で織った平織りの布であることがわかっている。また、この布は織り密度の高い布で、高級品に相違ないと氏は断定する。さらに、織糸にも併糸を使っており、これはふつう、縑といわれる平絹にみられるものらしく、麻では類例がないらしい。この布が縑でないにしても、絹に近い細密さの併糸織物の第一級品であったろう。織り方から大陸製品の可能性も指摘されており、大陸から将来されたあでやかな衣服が唐古・鍵に運ばれてきていたのかもしれない。

　一方、縄文時代からの伝統的な「編む」技術も新たな展開をみせる。それは、稲藁という新たな素材を利用して俵・薦などを編むことである。この編む道具は、編台の目盛板とそれを支える脚、経糸の両端を結んだ二個一組の木錘で構成されており、藁などの緯糸の上に経糸を付けた二個一組の木錘を前後に垂らし、これを交互に取り組んで緯糸を捩り込むように編み込むもので、今でも民俗例に多く見ることができるものである。

　これら道具のなかで多く出土しているのが木錘

で、直径一〇㌢前後の丸太を長さ一五㌢ほどに切断し、その中央部に溝を作る粗雑なものである。唐古・鍵遺跡では木錘が一二個セットで出土する例があり、このことから経糸が六本で作られた蓆状のものが編まれていたことが想定できるのである。このような木錘は、弥生時代後期以降に出現しているようで、穂刈りから根元から刈り取る「根刈り」へと移行したことが背景にあったと推定できるだろう。すなわち、「根刈り」が一般化することで藁利用が可能になったということである。また、このような大形木錘と異なり、弥生時代中期には長さ六㌢ほどの小形木錘も稀に存在する。これは藁ではなく苧麻などを利用して、編布を編んでいた可能性がある。先ほどの布の存在と同時に編布も併存するような文化であったと思われるのである。

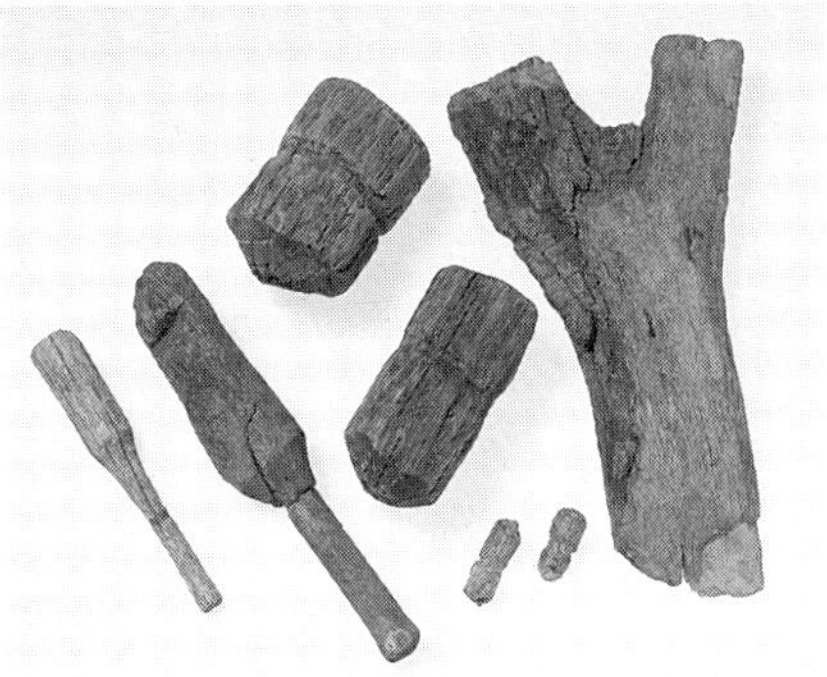

図70　編み具の道具

5　青銅器の鋳造と金属器

これまで紹介してきたさまざまな出土品は、唐古・鍵の人たちが素材を入手し、製作に対し試行錯誤しスキルアップをすれば、ある程度専門的な部分（分担）はあるにしても製作は可能なものが多い。これに対し、青銅器の鋳造は専門集団によるものと考えてよかろう。それは、すでに述べた青銅器鋳造の工房が、あるまとまった空間以上に展開していない（閉鎖的？）ことからもわかる。

さて、ここではその技術者の鋳造技術とその変

図71　各種青銅製品と鉱滓

遷について述べよう。

唐古・鍵遺跡における青銅器生産はいつから始まったのか。直接的な鋳造関連遺物ではないが、傍証的に青銅器関連の遺物からあたってみよう。唐古・鍵遺跡で最も古い青銅器は、南地区の第33次調査SD－120で出土した中期初頭（大和第Ⅱ－2様式）の鑿に転用された細形銅矛である。ただし、これが唐古・鍵遺跡で鋳造されたものとするにはやや無理があると思われ、朝鮮半島あるいは北部九州の西方地域からの搬入品とするほうが良さそうである。といっても中期初頭の近畿地方内陸部にこのような青銅器が搬入されていることとは別の意味で重要である。

その他の参考的な資料としては、銅鐸形土製品がある。唐古・鍵遺跡では、一六点の銅鐸形土製品が出土しており、最も古く位置づけられるのは、大和第Ⅲ－1様式（第13次調査・SD－0

6）の袈裟襷・横帯文銅鐸を模したもので、これ以降、第Ⅳ～Ⅵ様式にかけて各地区から出土している。これら土製品のなかには、銅鐸の形態や文様構成・絵画など写実的な表現がとられているものがあり、確実に銅鐸を観察する機会がなければ作れないものが多く存在している。このことは、唐古・鍵遺跡で土製品のモデルになった銅鐸を保有していたことを示しているが、それら銅鐸がこの遺跡で生産されたかどうかの判断はむずかしい。すなわち、間接的な資料では、大和第Ⅲ－1様式までさかのぼる可能性もあるが、今後の課題といえよう。

図72　石製銅鐸鋳型（第93次）

　この他、唐古・鍵遺跡から出土した青銅器には、銅鏃や銅釧、巴形銅器、小形仿製鏡、有孔円板などがある。いずれも時期を特定できるような遺構からは出土していないが、遺物包含層等の状況から、おおむね弥生時代後期頃の所産と思われる。最も多く出土している銅鏃は二六点で、そのうち一三点が青銅器工房のある南地区で出土していることから、唐古・鍵遺跡で鋳造していたと考えてよかろう。

　直接的な鋳造関連遺物では、西地区第93次調査から出土した銅鐸石製鋳型片（図72）と南地区第3・65次調査で出土した銅鐸石製鋳型片2点、第77次調査で出土した鋳造失敗品と考えられるスクラップの銅鐸片がある。難波洋三によれば、いずれも四〇センチを超える外縁付鈕二式の四区袈裟襷文銅鐸の可能性が高いという。これらは遺物包含層出土のため時期の特定は無理であるが、外縁付鈕二式銅鐸ならば中期中頃まで青銅器生産がさかのぼる可能性が高い。

確実に時期がおさえられる鋳造関連遺物として、最も古い時期（土器共伴時期）のものは大和第Ⅲ－4様式の送風管である。したがって、この時期には青銅器生産が南地区において始まっており、前述の銅鐸石製鋳型片や銅鐸片も考慮するとさらにさかのぼる可能性も残していることになる。このようなことから、本様式を前後する時期に石製鋳型を利用した小規模な生産体制（青銅器鋳造第Ⅰ期）があり、継続して次期の土製鋳型外枠を利用した体制へと変遷していったと推定できる。

さて、本格的な青銅器の鋳造は、弥生時代中期末から後期初頭に始まったようだ。というのも唐古・鍵遺跡のような時期が複合する遺跡では、遺物の時期を特定するのがむずかしいものも多い。遺跡東南部で検出された工房区とその周辺から出土した多量の青銅器鋳造関連遺物もその一つで、これら遺物は当初に廃棄された遺構から出土したものが少なく、その後の撹乱（切り合いを有する遺構）にともなう二次的な遺構、あるいは削平を受け土壌化（遺物包含層）した二次的な土層（弥生時代後期後半頃）に混在しているものが多い。これらのなかで当初に廃棄された思われる遺構から出土した、時期的に良好と思われるものを参考にすると、これらの遺物は大和第Ⅳ－2様式ないし第Ⅴ様式であったと推定される。

この二時期に属すると推定された鋳造関係遺物は、大きく二つの変遷（青銅器鋳造第Ⅱ・Ⅲ期）を示しているのであるが、唐古・鍵遺跡においては今のところ、この第Ⅱ期・第Ⅲ期が主要な青銅器生産期であったと思われる。つまり、この南地区の工房区において、鋳型等道具類を当地で製作し、土製の鋳型外枠を用いた鋳造方法で集中的かつ短期間に鋳造を行ったのである。

それでは、この第Ⅱ期・第Ⅲ期の鋳造技術をみてみよう。工房区とその周辺から出土した青銅器鋳造関連遺物には、銅塊、鉱滓、土製の鋳型外枠、高坏形土製品、送風管、被熱土器片などがある。このうち、土製の鋳型外枠が最も多く八三個体分が出土している。土製の鋳型外枠は、内側に精製された粘土（真土）を貼り付け鋳型にしたと推定しているのであるが、残念ながら真土はことごとく外枠からはずれていた。これは水分を含んだ土中のため真土が土に戻ってしまったのか、あるいは鋳造後の真土は耐火性が高くなり、再利用のため、意識的に取りはずしたのではないかと考えている。

この土製外枠に真土を貼って鋳型とする方法は、石製鋳型に比較して以下の点で優れていると思われる。①石の大きさに規制されないので石製鋳型にくらべさらに大きな銅鐸を鋳造することができること。②鋳造に適した特別な石材の獲得と運搬等が不要になること。③鋳型製作が容易になり製作時間が短縮されること。④オーダーに対する対処が容易であること。⑤鋳造時のリスク（ガス抜き等）が少ないこと。

この鋳造方法は、近畿地方では青銅祭器の大型化にまさに呼応するかたちとなった。対照的に、北部九州では広形銅矛の鋳造が石製鋳型に固執し石製鋳型を連結して大型化に対応する。その後の青銅祭器のあり方をみるならば、唐古・鍵遺跡の鋳造技術者が近畿地方での青銅器生産の主導的な立場になっていったことも考えられよう。

さて、この土製の鋳型外枠について触れよう。出土した鋳型外枠の形状や大きさ・作風は、揃っておらず、企画性が少ないように見えるが、大きくみると五つの形態（A～E類）に分類すること

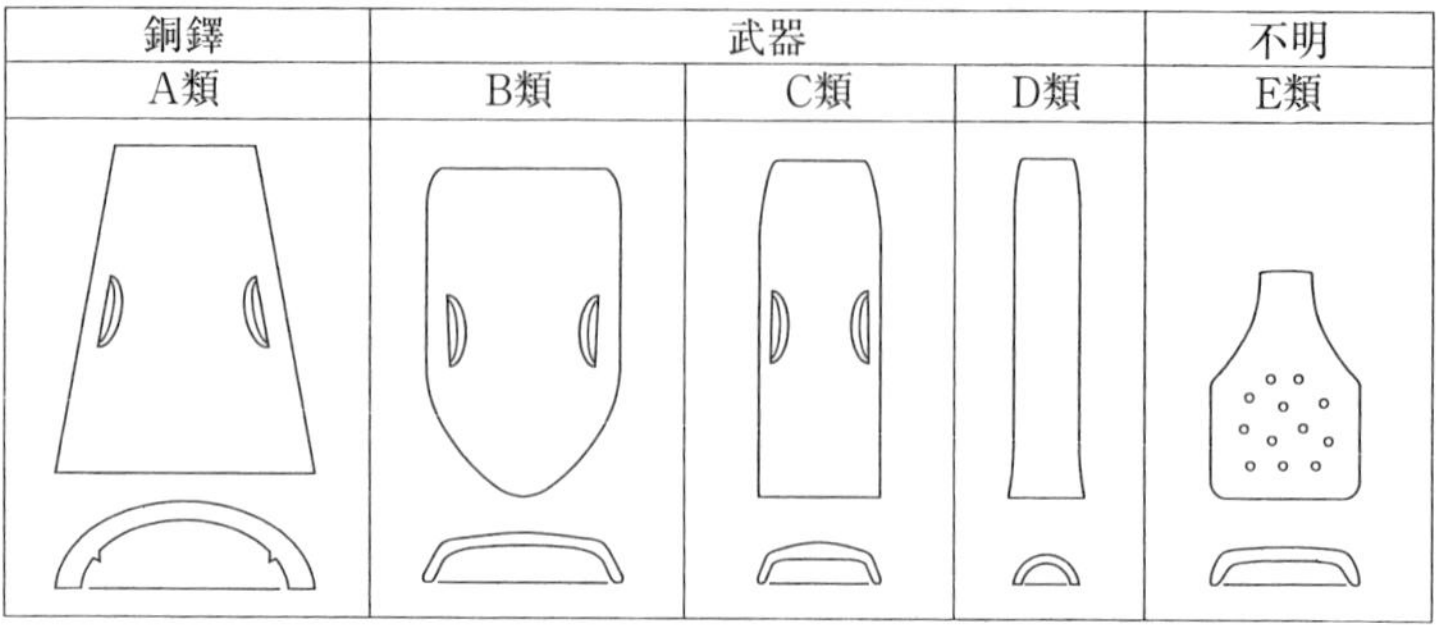

図73　土製鋳型外枠の分類図

ができる（図73）。

A類：平面形態が縦長の台形で、横断面の形態が三分の一程度の円弧を呈するもの（口絵3頁下）。

B類：平面形態がほぼ長方形で、基部が「U」字形のように尖りぎみになる形態。やや幅広の大形品で、横断面の形態が浅い箱形を呈するもの（図74左上）。

C類：平面形態がほぼ長方形を呈するもので、横断面の形態が浅い箱形を呈するもの（図74右・左下）。

D類：平面形態が細長い長方形を呈するもので、幅と長さの比が一：四以上になるもの。横断面の形態は、やや浅い半円形を呈する（図75左）。

E類：正方形の上に台形がつくような形態で、横断面の形態が浅い箱形を呈するもの（図75右）。

これら五つに分類された外枠の形状・大きさから、製作される青銅器は、A類は銅鐸、B・C・D類は銅戈や銅鏃などの武器類、E類は鏡・釧などが候補になる。この候補になるという言い方は、この外枠の内部に本来貼り付けていた真土がなく、作られた製品が特定できないからである。ただし、外枠の形状と大きさからすでに青銅器の形は規制されているわけで、弥生時代中期末から

図74　武器の土製鋳型外枠

後期に存在する青銅器から逆に何を作っていたのか推察できるのである。このようなことから、A類は「土製銅鐸鋳型外枠」、B・C・D類は「土製武器鋳型外枠」、E類は鏡・釧の可能性があるが、とりあえず「土製不明鋳型外枠」として説明しよう。

　土製銅鐸鋳型外枠は二〇個体確認しており、その大きさは四〇・五〇・六〇《センチ》ほどの三種になる。当然、外枠より小さい銅鐸が鋳造されるので、それぞれ対応するように三〇・四〇・五〇《センチ》台の銅鐸が鋳造された。これらの外枠は製作方法や背面にある把手、孔の有無、段のつけ方などに特徴があり、この特徴が時期的な変遷を示していると考えられる。すなわち、外枠に厚みがあり型作りで製作され、本体に抉り込んだ把手が付く四〇《センチ》台の外枠（青銅器鋳造第Ⅱ期）から、粘土紐（板）の積上げ成形で器壁が薄く、本体に把手を

図75　銅鏃・釧・鏡？の土製鋳型外枠

貼付ける六〇センチ台の外枠（青銅器鋳造第Ⅲ期）へと変遷したと推定している。この四〇センチ台の外枠の形状や段、把手は、石製鋳型の特徴を残すものであり、まさに石製から土製への移行期と位置づけられるものである。小形の外枠を出発点として試行をくり返しながら大形の銅鐸が鋳造できるように改良していったのであろう。

　次に、B・C・D類の三タイプに分類できた武器鋳型外枠は、最も多く五九個体分を確認している。形態や大きさからB類は大型品で、全長五〇センチほどの剣・戈・矛の武器形祭器を想定するのが適当と思われるが、特定はむずかしい。C類は、大中小の大きさがあり、大型では三〇センチ前後、中型では二〇センチ台の武器形祭器、小型は銅鏃の鋳造がふさわしい。D類は、幅が一〇センチもなく長さが四五センチほどになる半裁竹管状の細長い外枠のため、幅のある武器形祭器の鋳造は困難で、近畿地方で出土している連鋳式の銅鏃がうまく収まるようである。

　これら武器鋳型外枠の変遷は、第Ⅱ期の全長四〇センチ弱の大型品が初期のもののようだ。これは外枠側辺部の立ち上がり部が明瞭で、把手も銅鐸鋳型外枠と同様に深く抉り込むタイプである。第Ⅲ期の武器鋳型外枠は全長三〇センチ前後のものが中心で、外枠の側辺部の立ち上がりは短くなり、後半期には不明瞭なものになる。また、武器鋳型外枠

図76　高坏形土製品

D類も本期にともなうものと推定できる。

鏡・釧の可能性がある「土製不明鋳型外枠」は、四個体分で最も少なく変遷の検討は困難であるが、全体の形状から第Ⅲ期のものであろう。

土製の鋳型外枠と同様に第3次調査の発見当初から用途がわからない土製品がもう一つあった。それは高坏の形をした土器のような土製品で、「高坏形土製品」とよんでいるものである（図76）。この土製品は、土器の高坏と同じ手法で製作・焼成されているから、土器との区別はむずかしく、これが鋳造関連遺物として認識されるには少し時間がかかった。高坏と同じように埦形の坏部とそれを支える脚台部からなっているが、高坏との大きな違いは以下の三点であった。この土製品の多くには、坏部に一㌢弱の小孔をアトランダムに多数あけていること、坏部の側面に注ぎ口がつけられていること、坏部の底（脚台部との接合部）が粘土で塞がれていないこと（円盤充填技法）である。さらには、土器より少し器壁が厚く、仕上げはハケ調整が主体で最終のミガキ手法がほとんど用いられていないことも特徴である。このような特徴があるにもかかわらず、破片で出土すると土器と見分けがつかなくなり、見逃してしまう。おそらく、唐古・鍵遺跡以外の鋳造遺跡においても出土している可能性が高いが、まだ二、三の遺跡で数点確認されているのみである。

　さて、この高坏形土製品を検討してみよう。このような特徴のある高坏形土製品は、唐古・鍵遺跡の東南部であるこの青銅器鋳造工房区と周辺でしか出土しない。このため、鋳造関連遺物の一つに間違いないが、どのようにして使用するかが問題になる。前に述べたように坏部には一センチ弱の小孔が多数あり、坏部の底が塞がれていないことから坏部が容器としての機能を果たさないからである。しかし、坏部の側面に注ぎ口がつけられているから流動物を注いでいたことは間違いなく、また、この部分は被熱により赤く変色している。

　この問題を解決するには、鋳型外枠と同様に坏部内面に真土を貼ることである。よく観察すると坏部の小孔に真土が残存しているものがあり、鋳型外枠と同様に使用時には坏部内面に真土を貼っていたと推定された。このことから、高坏形土製品は溶融した金属を坏部に入れ、鋳型に注ぐ「取瓶」としての機能が想定できることになったのである。このことは、土製鋳型外枠とともに弥生時代の鋳造技術解明を大きく進展させた。このような高坏形土製品の変遷は、少数の大型坏部を有する重厚なタイプが第Ⅱ期で、第Ⅲ期には坏部が小型化するようだ。

　土製鋳型外枠・高坏形土製品とともに、もう一つ重要な構成要素として土製の送風管がある（図77）。送風管は、鞴から炉あるいは坩堝に風を送るための道具で、先端がまっすぐなもの（直管）と曲がったもの（曲管）の二種がある。唐古・鍵遺跡では三八個体分の送風管を確認している。ただし、先端部分が残っているものはわずかで、直管と曲管の比率はわからないが、おそらく鞴・炉から直管数本をつなぎ先端には曲管を接続させていたのではないだろうかと推定している。それは曲管の先端が高熱によって変色しているからである。

図77　送風管

筆者はこの送風管の先端の被熱度が重要な意味をもっていると考えている。古代以降の送風管（直管）は、高熱と溶融した金属によって先端が溶解・鉱滓が付着しているものが多いが、唐古・鍵遺跡の送風管は先端の一センチ程度が変色している程度である。これは送風のしかた、つまり金属の溶かし方が違うということであろう。また、唐古・鍵遺跡では一般的にいわれている坩堝のようなものは出土していない。高坏形土製品を坩堝と考える人はいるが、その場合、この土製品には坩堝のように溶解と鉱滓の付着がほとんどみられないという課題が残る。このようなことから、私は第65次調査で検出した堅く焼き締まった地面を炉床と推定し、坩堝でなく炉で金属を溶解させたと考えている。その場合、送風管は炉壁に埋め込まれているのでほとんど被熱しないということになるからである。

この鋳造方法を実験考古学の方法で検証したのが、銅鐸の鋳造復元に取り組んでいる鋳金家の小泉武寛である。平成の現在において最も多くの銅鐸を鋳造した人で、野洲市大岩山の最大級の銅鐸の復元にも携わるなど弥生の技術にいちばん近づいた人物といえよう。二〇〇三～四年にかけて唐

図78 鋳造実験の様子とそのとき製作された銅鐸と土製鋳型

古・鍵考古学ミュージアムの展示構成に「青銅器をつくる」コーナーを設け、実験考古学をやってもらった。唐古・鍵遺跡の鋳造関係遺物は、日本で唯一まとまった資料であり、また、初めて土製鋳型外枠の存在が明らかになり新しい鋳造技術の展開を開いた資料であることから、これらで銅鐸が鋳造できることを証明したいと長年考えていた。それを実現できるチャンスがようやく訪れ、それまでにも唐古・鍵遺跡の鋳型外枠を参考に銅鐸を復元していた小泉に相談したのである。この時はさらに他の関係遺物、高坏形土製品や送風管も取り入れた方法で復元したい旨を伝え、小泉にもいろいろと弥生の鋳造技術を推定してもらった。

この実験では、残念ながら甑炉になってしまったが、送風管による送風を行い、溶融金属を炉から高坏形土製品で受け、復元した土製鋳型で鋳造するという作業を行いみごとに成功した。当初の目的であった高坏形土製品が取瓶として機能したこと、土製鋳型外枠を利用した鋳型で銅鐸が鋳造できたことは大きな成果であった（図78）。

さらには思わぬ二、三の副産物もあった。一つは工房の環境と鋳型の固定である。小泉の作業場は乾燥した柔らかい地面で、そこに穴を掘り麻紐で縛った鋳型を簡単に埋め込んで土圧で固定した。唐古・鍵遺跡の工房と思われるところも環濠が粗砂層で埋没した地面で、作業しやすい環境は類似している。二つ目は、これまで多くの鋳造実験では鋳型の中子をおさえるとともに湯口を設ける方法（幅木）で青銅を流し込んでいたが、この時は中子を別でおさえ鋳型に湯口を設けない方法で行ったのである。これは辰馬考古資料館が所蔵している鋳放し銅鐸を参考にした。この銅鐸の裾は切断されておらず湯を流し込んだままの状態になっており、これと同じような鋳放し状態にするため、幅木を設けなかったのである。三つ目は、土製鋳型で鋳造された同笵銅鐸が難波洋三によって論証されていたのであるが、鋳造後の青銅器の取り外しについて、冷却させていねいに行えば鋳型面は傷まず、一部補修程度で再利用でき二個以上の銅鐸が作れることが判明したのである。この鋳造実験では大きな成果があり参考になる点もみられたが、これが弥生時代の技術に近いのかどうか、今後の課題である。

ところで、唐古・鍵遺跡の青銅器生産は、第Ⅱ期・第Ⅲ期、すなわち大和第Ⅳ－2～Ⅴ－1様式にかけて集中的に行われたようだ。なかでも第Ⅴ－1様式に鋳型外枠が最も多いように思われることから、本期に生産のピークがあり、その後、南地区における青銅器生産は急速に収束方向に向かったと考えられる。

さて、唐古・鍵遺跡の土製鋳型外枠でどれくらいの青銅器が鋳造されたのであろうか。鋳型は二つたがいにあわせて使用するので、どの外枠がセット（一対）になるかの検討が必要である。明らかにセットになると思われるのは四〇㌢の小形銅鐸鋳型外枠二個体と二五㌢前後の武器鋳型外枠C類四個体とD類二個体のみである。他の外枠はその形状や製作手法にバラエティーがあり、対になる可能性が少ない。これらの状況を踏まえ、雑把な試算をしてみよう。銅鐸鋳型外枠二〇個体分の三割が対になるとすれば六個体三対で、残り一四個体分は対が未発見で計一七対の鋳型ということになる。このことから、最低でも一七個の銅鐸が鋳造されたことになる。さらにうまく鋳型を使用すれば、数回の鋳造（同笵）に耐えうることも判明しているから、一七対のうち三割が同笵利用、残り三割が外枠のみを再利用したと推定するならば約一〇個鋳造できるので、計二七個の銅鐸が鋳造されたことになる。同様に武器鋳型外枠五〇点（武器形祭器分）を三割が対になるとして試算すると、一回の鋳造では約四三本の武器形祭器が鋳造されることになる。ただし、この外枠は鋳造時の破損率が少ないと推定されるからすべての外枠を一回再利用（同笵を含め）したとすれば約八六本、二回なら約一二九本の武器形祭器が鋳造されたことになる。

この試算はかなり控えめに見積もったもので、この後期初頭前後に鋳造された青銅器の数量としては近畿地方でも突出していると考えて間違いなさそうである。ただし、これら土製外枠利用の唐古・鍵産の青銅器の特定は困難であるから、その配布先については今後の課題であろう。

それ以降の青銅器生産としては、西地区の第14次調査で大和第Ⅵ－3様式の送風管一点が出土しているので、小規模な生産が他の地区で行われていた可能性が高いが、実態は不明である。

唐古・鍵遺跡における青銅器鋳造集団は、その後どのようになったのであろうか。ここで注目されるのが、桜井市大福遺跡第26・28次調査で見つかった鋳造関係遺物である。唐古・鍵遺跡と同様な鋳型外枠、送風管、銅鐸片、青銅塊などがかなりまとまって出土している。時期は大和第Ⅵ-3ないし4様式であるから、唐古・鍵遺跡での集中的な青銅器鋳造が収束した後に出現したもので、唐古・鍵の青銅器鋳造集団が大福遺跡へ移動したことも視野に入れて検討すべき課題になろう。

　唐古・鍵遺跡では、青銅器のほか鉄器もわずかであるが出土している。遺跡東南部の環濠から出土した後期後半の小型板状鉄斧、古墳時代前期のヤリガンナ、鉄鏃状のものなどで、大環濠集落であるにもかかわらず非常に少ない。これが近畿地方の弥生集落の実態なのか、あるいは腐朽してしまっただけなのか、検討の余地はある。直接的でないが、唐古・鍵遺跡の木製品や骨角器などには、鉄器による加工痕や裁断痕と思われる痕跡が多く見られるから、鉄器はそれなりに所有していたと考えられよう。今後、遺物の詳細な観察が待たれる。

6　装身具と玉作り

　唐古・鍵遺跡では、ヒスイ製勾玉や碧玉製管玉、ガラス玉などさまざまな素材の装身具が弥生時代全期間を通じて出土している。これらは特別な出土状況を呈するものでなく、井戸や環濠、遺物包含層などさまざまな遺構から偶然に発見されている。特に〇・五センチにも満たないガラス玉などは、井戸内の堆積土を一ミリの篩にかけることによって発見できたもので、発掘調査時の目視だけではまず見つけられない。

　ヒスイ製品は新潟県姫川産で、七点が出土している。そのなかの大形勾玉については後述すると

図79　玉製品と玉作りの道具

して、唐古・鍵遺跡北西部の環濠（第19次調査）から出土したヒスイ製丸玉について触れよう。これは、ドロップ状の特異な形状をした透明質の薄緑色を呈するヒスイ製品である。この丸玉の特異な形状は、本来両端がやや平坦な紡錘形であったものを輪切りにしていった末端の残り部分の可能性が高い。それは輪切りにするときにつけられた擦り切り溝の痕跡があるからである。これを丸玉の製品でなく製作途中品と考えた場合、勾玉の未成品の可能性がでてくる。このドロップ状の輪を縦半分に割ると、半円が二個でき勾玉状に製作できるからである。このことから、唐古・鍵遺跡で例外的にヒスイの加工をしていた可能性もでてくることになろう。

　これ以外ではわずかであるが、碧玉製の大形管玉未成品や碧玉の裁断痕のある剥片、玉素材の裁断に使用する紅簾片岩製の「石鋸」、角柱の管玉未成品を丸く管状にするためのU字状溝をもつ「玉砥石」なども出土しており、集落内で玉作りを行っていたことは確実である（図79）。注目されるのは、遺跡中央部にあたる第98次調査地で石鋸や玉砥石がまとまって出土していることである。この辺りは前述したようにサヌカイト製品や結晶片岩製石庖丁の製作の場であったと想定している地区であり、そのような石器製作の一連の流れに玉作りも組み込まれていたと思われるが、玉作りが主体ではなかったと考えられる。

この他に注目できる装身具として、水晶玉やガラス小玉、牙製垂飾品などがある（図80）。水晶玉はやや丸い算盤玉状を呈しているのが特徴で、弥生時代中期末から後期前半にかけて出現しており、集落内での生産でなく製品として運ばれてきている可能性がある。ガラス玉は、〇・五センチにも満たないスカイブルーの小玉が一般的であるが、管玉状のものや勾玉、緑色を呈する不定形なガラス小片に孔をあけた極小玉などがある。

図80　各種玉製品

このうちガラス製勾玉は、青銅器鋳造関連遺物といっしょに出土しており、大阪府東奈良遺跡例から推察すると青銅器とともにガラス製品の鋳造も行っていたと考えられる。また、やや風化しているが白色とブルーのマーブル状になったガラス大玉あるいは素材と思われるものも第80次調査で出土しているが、類例がなく位置づけが困難である。

牙製の垂飾品はわずか二点のみである。イノシシの牙の一側面を加工したものとテンと思われる歯牙に孔をあけているもので、いずれも弥生時代前期の所産である。おそらく縄文的な系統でとらえられる遺物であろう。

7　動植物資料からみた食料と周辺の環境

唐古・鍵遺跡は低湿地遺跡のため、動植物資料、すなわち動物骨や植物種子類が多く残存している。それらは大きく唐古・鍵の人たちが食料とした残滓とムラ周辺の環境（弥生の人と共生していた動植物）を示す資料の二つに分けることができる。

まずは食料。植物性食料としての主要品はお米であろう。発掘調査では出土した土器とともに付着した土も持ち帰ることになるが、洗浄すると必ずといってもいいほど数点の炭化米が見つかるくらい多量に出土している。唐古・鍵ムラの地面には相当のお米がこぼれ落ちていたのだろう。

米でなく収穫した状態を示す穂束も、唐古・鍵遺跡第11・33次調査から出土している。さいわいにも水分を含んだ緻密な粘土でパックされていたことや炭化していたことが原因で残ったのだろう。一ミリにも満たない稲の茎を何十本と束ね、稲藁でぐるぐる巻きにしっかりと縛っているものである。稲穂は残存していないが、茎の太さから穂近くの部分を縛って保管していたことが推定でき、稲が石庖丁による穂首刈りであったことを裏づける資料として重要なものだ。弥生時代には冷害や虫害などの対策に複数品種の米を蒔いたとされ、そのため穂の実る時期が一定せず、成熟した穂から順番に「穂摘み」していたのが、稲の品種改良にともない「根刈り」へと転換したと推定されているのである。寺澤薫が調査した唐古・鍵遺跡の第11次調査でも、籾の痕跡四センチを残す推定復元長二〇センチの穂束が出土しており、穂の部分は一〇センチほどあったと推定している。

このほか、植物性では、マメやウリ、ヒョウタ

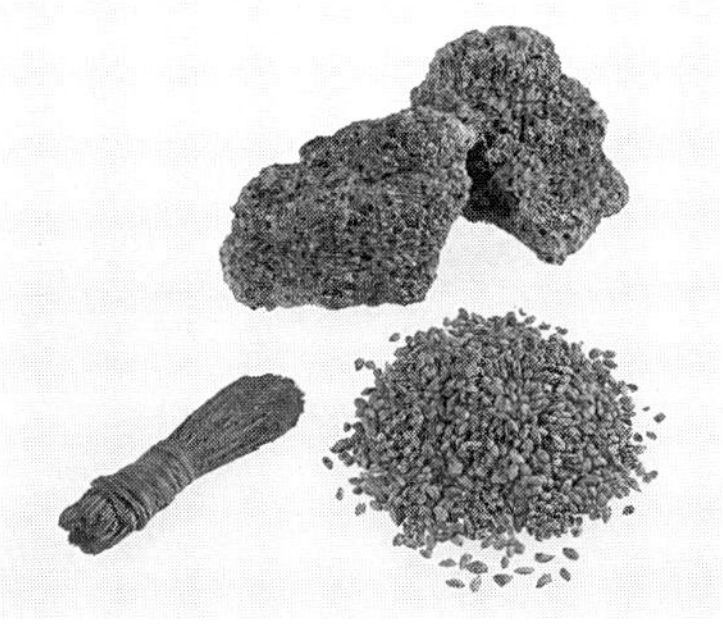
図81　穂束と炭化米

ン、モモなどの栽培植物、クルミやトチノキなどの堅果類などが出土している。特に注目されるのは弥生時代前期のドングリピットで、長軸一・一メートル、短軸〇・九メートル、深さ〇・六メートルの楕円形の穴にカシ・シイなどのいわゆるドングリが約一〇リットル分貯蔵（水さらし）されていた。これは、前期ではまだ米主体でなく、堅果類と補完関係にあったことを示すものであろう。

この意味においては、動物性食料も重要である。動物では、大形動物のイノシシが圧倒的に多く、その他シカ、イヌ、タヌキ、キツネ、ウサギ、スッポンなど、鳥類ではカモやガン、ツグミなど、魚類では淡水魚のアユ、キギ、ナマズ、ウナギ、コイなど、海水産の魚介類ではマイワシ・エイ・ハモ、タイ科、アカニシ・サメの歯・クジラの骨が同定されている。すべてが食料でないにしても、唐古・鍵周辺だけでは入手できないものも多い。

特に注目されるのは、どのようにしてマイワシやウニなど海水産の魚介類を唐古・鍵遺跡に持ち込んだかである。貝やウニは殻があるからそのまま運んだと思われ、それほど日数を要してはいないことも事実であろう。前述したように搬入土器では、東方地域は天竜川流域（静岡・長野県）から三河・尾張（愛知県）・近江地域（滋賀県）、西方地域は吉備（岡山県）・播磨（兵庫県）・和泉・河内（大阪南部）・紀伊（和歌山県）地域のものがあることから、上記の食料も自ずと伊勢湾岸地域や瀬戸内海・大阪湾沿岸の海の幸が運ばれ

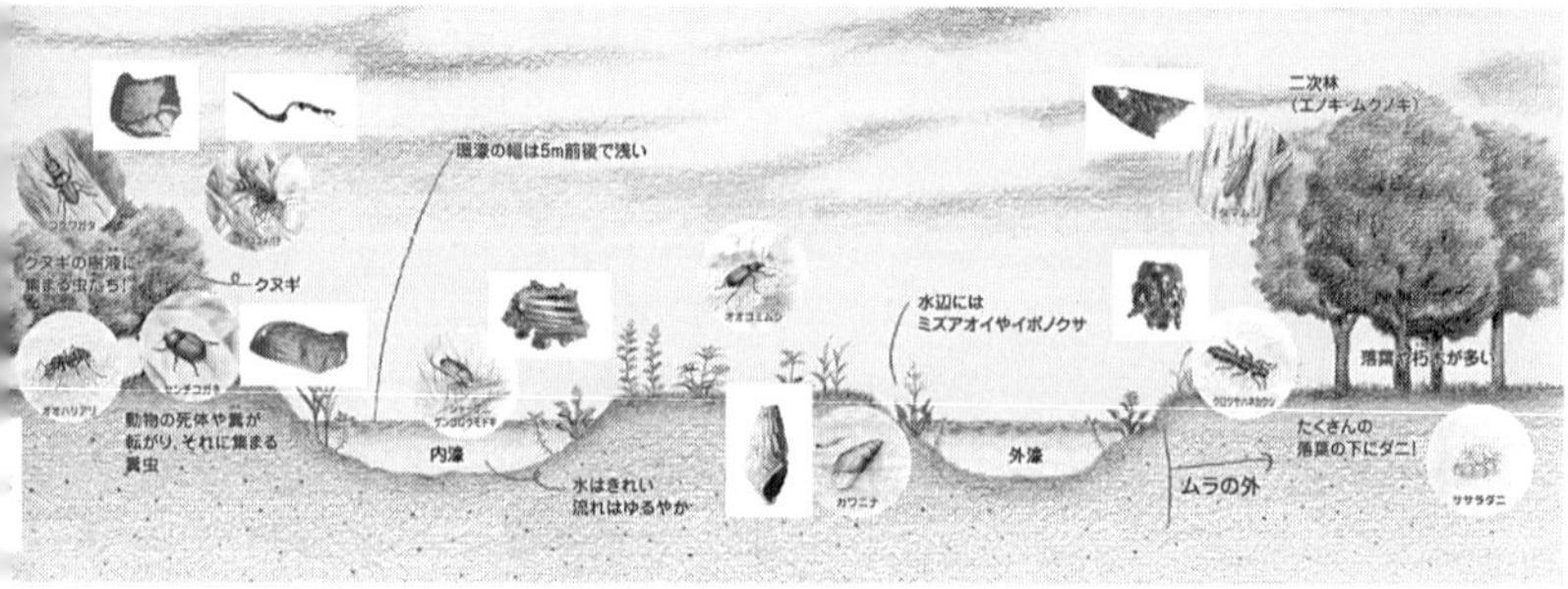

たことになろう。

土器で注目されるは、遺跡の北端、中期後半の河跡（北方砂層）の砂層内から出土したイイダコ壺である。高さ八センチほどの砲弾型をしており、上部には紐孔が一つあけられている。当然、内陸部では出土しない海岸地域の遺跡で出土する漁労具のひとつである。これは形態から和泉産であるから、イイダコを含めた魚介類の一部は、和泉沿岸地域のものが唐古・鍵遺跡に運ばれてきたことを証明したのである。

次に動植物資料から唐古・鍵ムラ周辺の環境を推定してみよう。人との距離を的確に計れるのが、ネズミではなかろうか。唐古・鍵遺跡では、アカネズミ・ハタネズミ・クマネズミ・ドブネズミなどの骨が大阪市立大学の安部みきこによって同定されている。アカネズミ・ハタネズミは草むらや畑など人とある程度距離をおいたところで棲むのに対し、クマネズミやドブネズミは人と共生する方が多い動物である。特にクマネズミは屋根裏など乾燥場所を、ドブネズミは下水など湿地場所を好むという習性がある。このことから、唐古・鍵ムラ内には、高床倉庫などの食料庫、竪穴住居の近くには食料残滓が廃棄されるようなゴミ穴、そして少し離れたところには草むらや畑のようなものが存在したことが想定される。さらに想

図82　動植物遺体からみた唐古・鍵ムラの古環境

像をたくましくさせてくれるのが、土器に付けられた圧痕である。これについては弥生土器の項で触れたが、ネズミと思われる爪痕やイヌと思われる歯形が残る土器片が存在する。土器作りの作業小屋のような場所で壺を乾燥させている情景が浮かんでくるのである。

　これ以外にもムササビやモグラ、カエル、ヘビなどの小動物やタマムシ、クワガタなどの昆虫も出土しており、ムラ内部の環境復元の情報としては豊富に残存しているのである。

8　祭祀遺物とマツリ

唐古・鍵遺跡の調査では「マツリ」に使われたと思われるさまざまな遺物が出土しているが、具体的にどのようなマツリに使われたのか、なぜそれらがマツリの道具なのかは考古学的に判断するのはむずかしい。ここでは、とりあえず一般的でない特殊なモノ、あるいはハレの場で一時でも使用されたと想定できるものを取り扱おう。

　マツリやさまざまな行事において、重要な役割を果たしたのが占いであろう。『魏志倭人伝』にも登場する「骨卜」もそのひとつである。唐古・鍵遺跡でも占いに骨を利用しており、四二点が出土している（図83）。イノシシやシカの肩甲骨に

図83　卜骨

火のついた棒を押し当て変色やひび割れ、焼け落ちた状態で占っていたようだ。弥生時代前期の二例（イノシシ橈骨など）があるが、大半は中期前葉から後期にかけてのもので、イノシシやシカの肩甲骨が利用された。焼け方をどのように見るのかはわからないが、時期によって焼灼のしかたに特徴がみられる。中期前半までは肩甲骨の根元の骨の厚い部分、それ以降は拡がっている厚みのない部分に焼灼が付けられた。つまり、前者では変色と大きさに違いが出るが、後者では変色・さらに進行すると焼け落ちたりするので、卜骨の見方がこの時点で大きく変化したのだろう。また、後者では肩甲骨の出っ張っているところを小刀で削ったり、骨を薄くするようなこともしている。

　卜骨が出土した遺構で注目されるのは、青銅器工房区で検出した井戸ＳＫ－１３４とＳＫ－１１５である。この二つの井戸は工房に隣接するような位置にあり、時期的にも工房と重複していることから、工房関連のものとも推察できる。この井戸から五点の卜骨が出土しており、一大行事である青銅器鋳造時期を占っていたことも大いに想像されよう。

　このほか動物の骨を利用した特殊遺物に、イノシシの下顎に孔をあけたものがある。すでに唐古池の第１次調査で出土しており、現在では一五例にもなっている。西日本の弥生遺跡にみられ、岡山県南方遺跡では下顎の孔に棒を通し一二個連ねた状態のものが出土し、その使用方法がわかった。ただし、孔をあけずに一四個のイノシシ下顎を棒に引っ掛けた状態のものが第3次調査で、七個の下顎を集積したものが第13次調査の環濠から出土しており、孔の有無だけでは判断がむずかしいところもある。いずれにしても弥生時代には捕獲したイノシシの下顎を吊す、あるいは架ける風習が存在したということである。

民俗・民族例では狩猟の記念品的な意味合いで家の鴨居に下顎を掛けていたようだ。唐古・鍵遺跡の孔のあるイノシシ下顎では、牡の成獣が多く、その典型が第37次調査で出土した牡のイノシシ老獣の下顎骨だ（口絵4頁左下）。二股に分かれた下顎の両側に径三㌢ほどの孔をあけ、二本の牙は腕輪にするためか抜き取られ、代わりに木製の牙を差し込んでいるものである。差し牙という前例のない資料であるが、捕獲したイノシシの強暴さを見せるためにわざわざ木製の差し牙をこしらえたのではなかろうか。一方、孔をあけず集積した下顎などには牝の若獣が使われており、イノシシの多産にあやかり、豊作・豊猟の儀礼に使われたことも考えられるであろう。他方、下顎の形状が鉤状を呈していることから、「魔除け」的なものだという説もあり、いずれにしてもイノシシは食用というだけでなく、弥生の人びとと精神的な部分まで深く関わる動物だったのは間違いない。

動物でいえば、鶏もマツリを構成する重要な動物の一つである。弥生時代ではほとんど鶏の資料がないが、唐古・鍵遺跡ではそれを確実に示す遺物が第11次調査で出土している。それは鶏の頭を模った土製品で、弥生時代の造形品としてはきわめてリアルなものである（口絵4頁右下）。立派な鶏冠や大きな嘴、目、耳朶が表現され、誰もが鶏とわかる一級資料だ。その精悍な顔立ちは、日本にもたらされた当初の鶏を彷彿とさせ、作者の造形技術には驚くばかりだ。この土製品は頭部から下が細い棒状になっているから、別作りの胴部に頭部を差し込んで一体としたならば、実物大ぐらいの大きさがあったかもしれないが、残念ながら今はまだみつかっていない。しかし、この土製品は弥生時代に鶏がいたことを示す確実な資料であり、その価値は非常に高い。

このほか銅鐸を模した銅鐸形土製品、祖霊像と考えられる人形土製品、鳥形土製品や鳥形土器など、弥生の人たちが神聖視するようなものがミニチュア品として作られたようだ。唐古・鍵遺跡では、このようなものが少なからず出土しているが、それらからマツリの内容や場、情景などを復元するのはむずかしく、ハレとケがまだ未分化であったことも考えられよう。

さて、弥生時代遺物のなかで、最も特殊な遺物のひとつとして取り上げていいものが「褐鉄鉱容器」とヒスイ製勾玉だろう（口絵4頁上）。これは、唐古池の西側に当たる第80次調査で出土したもので、唐古・鍵遺跡では七二平方《メートル》という比較的小規模な調査である。唐古・鍵遺跡では面積に関わらず、どこで重要な遺物が出土するかわからないという緊張感が必要とされる現場が多い。

発掘調査は二〇〇〇年十月〜翌年一月であったが、この遺物の存在がわかったのは、調査後三カ月ほどを経た土器洗浄中であった。すなわち、この遺物は調査時には単なる石として取り上げられ、多量の土器や石器とともに遺物箱に収納されてしまっていたのである。この遺物は、外見上誰が見ても単なる石であって、特別なものと想像できない。逆に言えば、サヌカイト製品や石庖丁とは違うので、単なる石と判断されて出土時に廃棄されてもまったく不思議ではない。しかし、唐古・鍵遺跡の調査現場ではすぐに判断できないものも多く出土するから、なるべく掘り出した「モノ」は、遺物箱に入れてもらうように作業員に伝えていた。そのおかげか偶然かわからないが、遺物箱に収納されたのである。

まず、褐鉄鉱から紹介しよう。手のひら大（残存長一四・五チセン、短軸一三・二チセン、高さ六・九チセン）の不整形で暗褐色を呈するもので、その内部は大きな空洞となり、厚さ一～二チセン程度の外側部分（殻）だけの特徴ある鉱物である。外側部分は二層構造で、外面は〇・一チセン前後の砂粒を主体として最大二チセンほどの礫が混在した鉄分凝縮層、内面は黄褐色の緻密な粘土層で構成されている。

この変わった鉱物は、三〇～三〇〇万年前の「大阪層群」のなかで形成されたようで、その成因は砂礫層のなかにある精良な粘土を核として鉄分が巻きつき、殻を形成し、核部分の粘土が乾燥収縮して空洞になるようである。この空洞部分に乾いて小さくなった粘土や染み込んだ水が音をたてることから、俗に「鳴石」「鈴石」「壺石」といわれるようになった。日本各地で産出するようで、江戸時代以降、奇岩として珍重がられていたり、花器として使われたりしたようだ。唐古・鍵遺跡の褐鉄鉱は、遺跡の北西約一四キロにある南生駒や平群の生駒谷付近の砂礫層から採取されたと考えられている。このことは、唐古・鍵の人、あるいはそれに関わる人がその山斜面にある砂礫層を見つけ、褐鉄鉱という特別の鉱物を採取し持ち帰ったということで、それはサヌカイト原石を掘り出すのと同じようにしたのかもしれない。

さて、唐古・鍵遺跡の褐鉄鉱は約三分の一が打ち割られており、内部に存在したであろう精良な粘土塊はなく、代わりに黒色粘土が充満してい

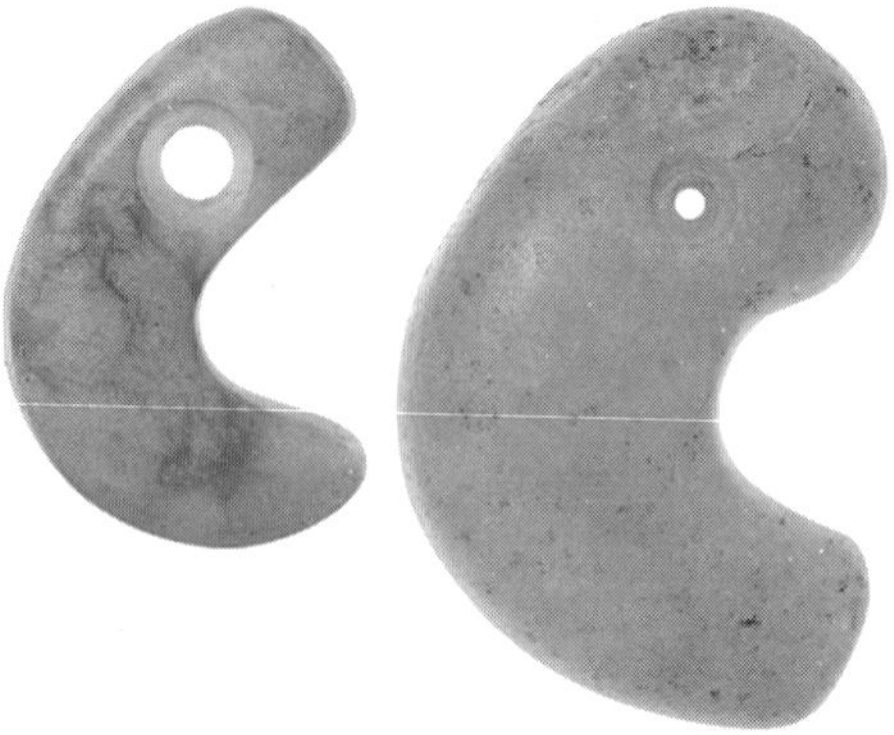

図84　ヒスイ勾玉（右：1号、左：2号、実物大）

た。この粘土を少しずつ除去すると、驚くべきことに一三点の土器小片とヒスイ製勾玉二点が入っていた。この外見上とても美しいといえない砂礫粒の塊が、まさに弥生の宝石箱だったのである。

一三点の土器小片は、容器内でバラバラの状態であったが、すべて接合し八・二×七・二センチの大きさの甕胴部片となった。この甕は弥生時代中期後半のもので、器壁は薄く外面には煤が付着した一般的な土器である。この破片の大きさは、ちょうど打ち割られた褐鉄鉱の口部分を覆う大きさに合うことから、容器の蓋に使用したと考えて間違いないであろう。

勾玉二点は、手前に一号勾玉、いちばん奥に二号勾玉があった（口絵4頁上、図84）。一号勾玉は、弥生時代では最大級（弥生時代遺跡では一〇番目ぐらい）の四・六センチの勾玉で、唐古・鍵遺跡では二番目の大きさである。二号勾玉は、一号勾玉にくらべ三・六センチと劣るが、弥生時代では最も良質なヒスイを用いたもので、唐古・鍵遺跡では三番目の大きさである。一号勾玉は大きいが、薄黄色と薄緑色が混在したもので質的にやや劣るのに対し、二号勾玉は小さいが濃緑色単一の非常に良質のヒスイであり、二つ合わせれば、弥生時代の最大級・最上級のヒスイ勾玉が納められていたことになる。残念ながら、この遺物の出土状況はおさえられてないが、微高地の縁辺に沿うように西地区を区画する溝（幅二メートル前後、深さ約一メートル）が少しずつ位置を替えながら再掘削されており、その溝から多量の土器とともに出土したようだ。

それでは、この特殊な遺物がどのように扱われたか考えてみよう。まずは、唐古・鍵の人が褐鉄鉱を入手し、その一部を打ち割り内部の精良な粘土塊を取り出した。次に空洞になった褐鉄鉱にヒスイ製勾玉二点を納入し、土器片で蓋をした。その後、溝内に「埋納」したということであろう。埋納とする根拠は、内部にあったのが勾玉二点と土器小片、黒色粘土であり、勾玉は納入物、土器は蓋、黒色粘土は溝内の堆積物が流入した結果と推定されるからである。この土器片の蓋と黒色粘土のみが容器内に入る状況は、蓋が容器の上部にあるからで、土圧で蓋が割れ内部に破片となって容器周囲の土（溝内堆積物）が充満したと考えるのが最も納得のいく話であろう。

埋納までの行為は復元できたが、この遺物にはもう一つ重要な点がある。それはなぜ、唐古・鍵の人が褐鉄鉱の内部の粘土を必要としたかであろう。

このような褐鉄鉱は、少し石に詳しい人ならよく知っているものらしく、さまざまな文献に表されている。まず、中国では不老長寿を理想とする神仙思想の仙薬の一つ「太（大）一禹餘粮」「禹餘粮」として知られている。弥生時代と同時代の漢代の『列仙伝』巻下やその後の『神農本草経』、『抱朴子』などの文献にその名があり、日本にもその知識は伝えられ江戸時代の小野蘭山が著した『本草綱目啓蒙』にも記されて広く知られていたようだ。また、日本で最も古い資料としては、聖武天皇の遺品を盧舎那仏へ献納したときの台帳『東大寺献物帳』の一つに「種種薬帳」があり、「大一禹餘粮」「禹餘粮」がでてくる。正倉院にはそれに対応するものが残っているが、殻のみで内容物は失われている。しかし、宝庫には約一三〇グラムの「紫色粉」として集められたものがあり、これがそうであったろうと推定されている。

　このようにみると、日本では奈良時代には確実に薬としての知識をもっており、一方、弥生時代と同時代の中国では仙薬として知られているわけで、地域・時代の課題を残すが唐古・鍵遺跡の人たちがそのような知識を取り入れていた可能性があるだろう。また、生命の象徴ともいえる緑色をしたヒスイ製の大形勾玉二点を納入していたことも、仙薬との関係で理解すれば納得できるもので、弥生の人にとってこの褐鉄鉱内容物が重要であったことを物語っており、同志社大学の辰巳和弘は仙薬として積極的に評価している。そうであれば、紀元前後の近畿地方に中国の神仙思想・仙薬の知識が流入していたことになり、近畿地方の弥生時代を評価する上で最重要遺物としてとらえることができるであろう。また、褐鉄鉱という自然の鉱物を考古学的視点でみるという新たな展開も課題として出てこよう。

Ⅶ　周辺の弥生遺跡と唐古・鍵遺跡の特質

1　唐古・鍵遺跡周辺のムラと墓、水田

　唐古・鍵遺跡の周辺とは、どれくらいの範囲だろうか。唐古・鍵遺跡に隣接する同時代の拠点集落との距離を計ると、北北東の平等坊・岩室遺跡は三・五キロ、南南西の多遺跡は四キロ、同じく中曽司遺跡は五・五キロ、南南東の坪井・大福遺跡は五・五キロであるから、たがいのエリアを仮に等間隔とすれば、およそ一・七〜二・七キロになる。ただし、全方位が同距離ではなく実際の盆地地形も考慮すれば、長軸方向は南西から北西方向で約二・五キロ、短軸は北東―南西方向で二キロほどが唐古・鍵遺跡の領域とみなしてよいのではなかろうか。このエリアが唐古・鍵遺跡とつねに関係をもつ、あるいは水田経営を行う分村的な短期間の集落、さらには墓域、水田などで構成される領域があったと推定しても差し支えないであろう。

　このような領域にある遺跡として、清水風遺跡（集落・墓域・水田）、法貴寺斎宮前遺跡（集落・墓域）、阪手東遺跡（墓域・水田）、羽子田遺跡（集落・墓域）、八尾九原遺跡（集落）などが

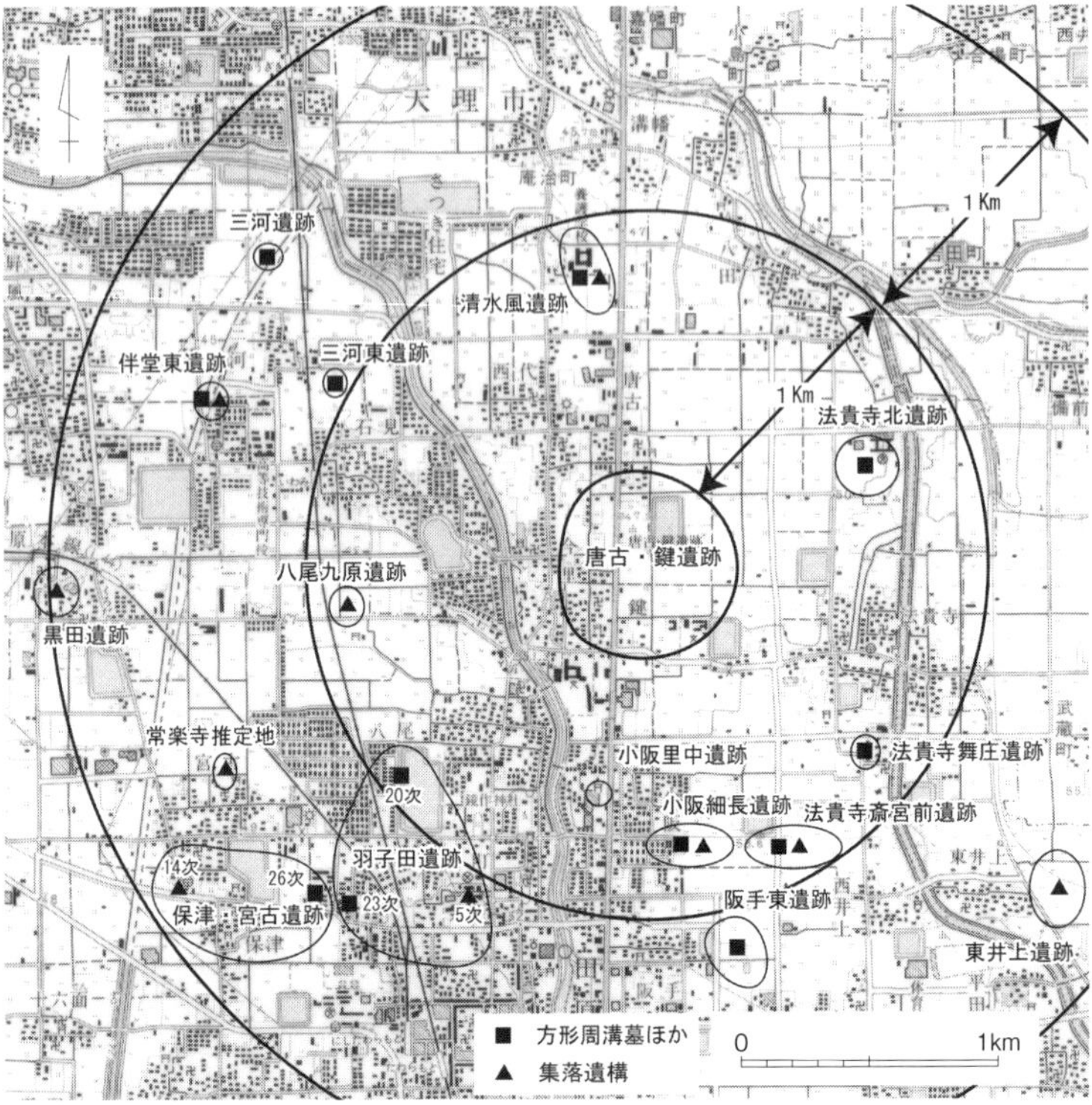

図85　唐古・鍵遺跡周辺の遺跡分布図

あげられるので、これらの遺跡を紹介し、唐古・鍵遺跡との関係をみてみよう。

(一) 清水風遺跡と法貴寺北遺跡

清水風遺跡は、唐古・鍵遺跡の北方五〇〇《メートル》に位置する遺跡で、鳥装の巫女が描かれた絵画土器が出土した遺跡としてよく知られている。一九八六年の高等養護学校建設にともなう発掘調査で初めて明らかになった。遺跡は、弥生時代中期初頭（大和第Ⅱ様式）・中期後葉（大和第Ⅳ様式）・後期前半（大和Ⅵ様式）・後期末（大和第Ⅵ－三・四様式）・古墳時代前期の各期に断続的に営まれた。

それら各期における遺跡の性格は異なる。弥生時代中期初頭と後期末（古墳時代初頭？）は方形周溝墓が築造され墓域を形成した。中期初頭の方形周溝墓は一辺一三メートルほどのものが一基で、周溝には細頸壺一点が供献されていた。後期末のものは二基で、五・五×七・五メートルと三×五メートルほどの小規模なものである。いずれも墳丘は削平を受けており、周溝がわずかに残っているのみであった。

図86　清水風遺跡出土前漢鏡片

特筆すべきことは、この後期末の周溝墓周辺の遺物包含層から小形の前漢鏡と推定される破片が出土したことである（図86）。この鏡片が削平を受けた方形周溝墓にともなっていたのか、あるいは隣接する中期後葉の集落遺構にともなっていたのか判断できないのが残念であるが、近畿地方では数少ない前漢鏡であり、前漢の遺物が近畿地方に流入していることの意義は大きく、それも唐古・鍵遺跡と関連すると思われる遺跡からの出土となれば、当初は唐古・鍵遺跡に流入していたことも大いに考えられる文物になろう。

中期後葉と後期後半、古墳時代前期は、井戸や柱穴などが存在することから集落が営まれた。これらは断続する集落であるが、注目されるのは中期後葉の時期である。第1・2次調査において掘立柱建物が検出され、それに隣接するように幅六〜一二メートルの河跡が見つかった。この河跡は砂層で埋没するとともに、西岸にある水田の可能性のある部分にも砂層が覆っていた。この河跡の砂層からは絵画土器を含む多量の土器が出土し、これら土器類は流水による摩滅がほとんどないことから、遠くから流されてきたものでなく出土地点の近くから投棄したものと考えられた。

　さて、絵画土器は先述の鳥装の巫女や盾と戈をもつ人物などが含まれており、河跡とその周辺から出土したものを合わせると総数約六〇点にもなる。この清水風遺跡の絵画土器の数量は全国最多の唐古・鍵遺跡に次ぐもので、また、建物の絵画土器では渦巻き状の棟飾りの表現や鹿の表現方法に唐古・鍵遺跡のものと類似するものが多く、両者が密接な関係にあり、絵画土器を用いた祭祀を盛んにやっていたことを示しているのである。これら絵画土器が出土した場所は、河川の延長が五〇《メートル》ほどあるが、空間的には限られた狭い範囲であり、出土密度でいえば唐古・鍵遺跡の状況を遥かに凌いでいる。逆にいえば、絵画土器が一定の範囲に数多く存在するような特別な空間が存在したと想定できるのである。このことは、唐古・鍵ムラの周辺に祭場を設けていたとも考えられるであろう。

　絵画土器では、鳥装のシャーマン以外にも注目されるものがある。それは楼閣を描いたと考えられる小片である。幅の狭い大棟に一羽の左向きの鳥が、そして大棟の両端は渦巻き状の飾りになると思われる弧線が描かれている。唐古・鍵遺跡第47次調査出土の絵画土器では一階の棟部分に省略された鳥が三羽描かれていたが、清水風遺跡では大棟に描かれているのである。いずれにせよ、楼閣の性格を考える上で重要な意匠といえよう。

　さて、この清水風遺跡の楼閣絵画はどのように考えればよいのであろうか。この清水風遺跡は、唐古・鍵遺跡の分村と考えてよい遺跡であるから、唐古・鍵ムラの楼閣を見て描いたとしてもおかしくはないが、この清水風ムラに建っていたと

図87　運河とみられる河跡

推定することもできる。調査では、中期後半の遺構は掘立柱建物二棟が検出されているのみで、竪穴住居等に居住ともなうさまざまな遺構はみられない。また、遺物においても朱の付着した磨り石や朱精製に関わると推定される多量の朱付着土器片、注口土器、多孔土器、銅鐸形土製品など特殊な遺物が多く、一般的な生活道具類が少ないことも特徴となっている。このようなことから一般的な集落ではなく、楼閣のような施設をも有する祭場的空間がこの集落の一部に存在していたことも考えられるであろう。

一方、検出された河跡はその方向から唐古・鍵遺跡でも検出されている河跡（北方砂層）とつながる可能性が非常に高い（図87）。唐古池の調査で検出された北方砂層は、唐古池の北北西にあたる第12・17・67・70次調査でその延長二〇〇メートルを確認しており、その方向から清水風遺跡の河跡に繋がることがわかるのである。この河跡は流水のある自然河川であるが、集落の一部をかすめるように流れ、遺物も多く含んでいることから河川を制御するため部分的に人工的な手を加えていることも大いに考えられるであろう。すなわち、この河川は両遺跡をつなぐ運河的な役目をもたせていたと思われるのである。清水風遺跡の位置は唐古・鍵遺跡の下流側であり、大和川とは清水風遺跡を経て結ばれることになる。つまり、清水風遺跡が唐古・鍵集落に入る際のチェック機能や物資搬入経路の中継地としての機能を有していたと考えられよう。このような推論が成り立つならば、唐古・鍵ムラの祭祀的な空間としての機能と、唐古・鍵ムラの玄関口としての機能の二つがこの遺跡の性格となろう。

唐古・鍵遺跡の北東側には法貴寺北遺跡がある。この遺跡は唐古・鍵遺跡の東北東四〇〇《メートル》に位置し、一九八二年の県立高校建設にともなう調査で明らかになった。弥生時代後期（大和第Ⅵ－三あるいは四？）の方形周溝墓二基と壺棺墓三基が検出された。方形周溝墓は一辺約一〇《メートル》と約八～九《メートル》の規模のもので、周溝内からは供献土器が出土している。注目されるのは三つの壺棺墓のうち、高さ六〇《センチ》の二重口縁壺から鉄鏃一点が出土していることで、後期段階の土器棺の副葬品としては、類例の少ないものになろう。後期後半から古墳時代初頭の方形周溝墓は、唐古・鍵遺跡周辺の他の遺跡でも多く検出されており、墓域の拡散が認められるかもしれない。

（二）法貴寺斎宮前遺跡と小阪細長遺跡、阪手東遺跡

唐古・鍵遺跡の南六〇〇《メートル》に法貴寺斎宮前遺跡と小阪細長遺跡、同じく一《キロ》には阪手東遺跡が存在する。法貴寺斎宮前遺跡と小阪細長遺跡は、東西延長六三〇《メートル》におよぶ農業管水路改修工事にともなう発掘調査によって発見された遺跡で、唐古・鍵遺跡周辺の弥生集落と墓地の存在を明らかにした。両遺跡は隣接しており、調査地の東半四〇〇《メートル》が法貴寺斎宮前遺跡、残り西半が小阪細長遺跡である。

法貴寺斎宮前遺跡では、調査地東端から一二〇《メートル》ほどの範囲で弥生時代中期後半（大和第Ⅳ様式）を中心とする大溝や土坑などの集落遺構、それより西では中期初頭（大和第Ⅱ－一様式）から

図88　阪手東遺跡の方形周溝墓

中頃の方形周溝墓と推定される溝が検出されている。また、後期から庄内期の集落遺構もこれら遺構に重複するように検出されており、断続的に遺跡が営まれていたようだ。調査者は環濠を有する集落でその西部に墓域と生産域があったことを想定しているが、この関係が遺跡内で完結するのか唐古・鍵遺跡との関係を推定するのか、集落遺構と方形周溝墓の詳細な時期の検討が今後必要になるだろう。この遺跡で注目されるのは、調査地東端の地区で出土した絵画土器である。両手を挙げるシャーマンと切妻建物・一本柱（?）寄棟建物が描かれたもので、切妻建物の棟端には唐古・鍵遺跡と同じように棟飾りが表現されているのである。一本柱（?）寄棟建物は、唐古・鍵遺跡にもない表現の建物で、柱の長さに対して小さな屋根倉式の表現は居室や倉庫とするより祠的なものと理解するほうがよいだろう。

一方、小阪細長遺跡は前述の調査とその後の2次調査の成果を総合すると、弥生時代後期から庄内期が中心となる遺跡で、後期の方形周溝墓と思われるL字状の溝、井戸、用水路状の溝が検出された。遺構の性格が墓域・居住域・生産域と異なり、また後期～庄内期の中で小規模に展開していることから、後期以降に唐古・鍵遺跡周辺でめまぐるしい土地の変遷があったことを示している。

先に述べた法貴寺斎宮前遺跡と小阪細長遺跡からさらに南四〇〇メートルに阪手東遺跡がある。田原本青垣生涯学習センター建設にともなう調査で見つかった遺跡である。大規模な調査により、弥生時代中期中頃（大和第Ⅲ－一～二様式）の方形周溝墓一六基と墓域を区画する溝、後期後半の溝、畦畔状遺構、足跡が検出された（図88）。方形周溝墓で最も規模の大きいものは一四×一一・八メートルである。これら方形周溝墓の墳丘は削平を受けており主体部は残っていなかったが、七基の周溝墓では供献土器が出土しており、墳丘の肩に鉢や甕を据えたものもあった。この方形周溝墓群で注目されるのは、周溝墓群の北側を区画するように幅二・五メートルの溝が掘削されていることである。また、この溝の底には六メートル前後の間隔でピットが存在しており、柵状のものがあった可能性も考えられている。

この方形周溝墓は弥生時代後期末から古墳時代前期には埋没するようで、その上に重複するように畦畔状の遺構や足跡、水路が見つかった。このようなことから、阪手東遺跡では、中期の墓域から後期には水田域に変遷したようだ。

（三）羽子田遺跡、八尾九原遺跡など

羽子田遺跡は、唐古・鍵遺跡の南西八〇〇メートル～一・二キロに展開する集落と墓地の遺跡である。時期ごとにその性格と範囲・位置を変えており、その結果、遺跡の範囲は広大なものになっている。以下、唐古・鍵遺跡との関係で見てみよう。

集落遺構は、縄文時代晩期・弥生時代前期の土器は散見するが、確実な遺構としては弥生時代中

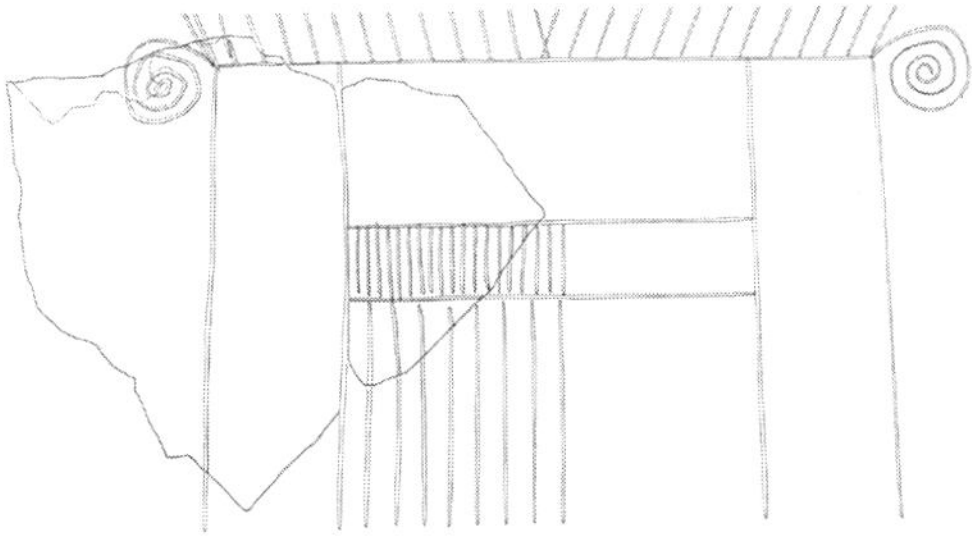

図89　八尾九原遺跡の建物絵画

期後葉（大和第Ⅳ様式）に出現するようだ。唐古・鍵遺跡から南南西に一キロにあたる第5次調査では井戸や土坑が検出され、また、遺物においても建物を描いた絵画土器が出土するなど他の中期後葉の遺跡と類似点も多い。その後は一時断絶するが、後期後半から古墳時代前期（布留式）には井戸や溝等が遺跡南部を中心に各所で検出されるようになる。特に庄内から布留式期の遺構は増加傾向が顕著で、唐古・鍵遺跡周辺では最も大きな集落遺跡として発達しているようだ。

一方、墓地は方形周溝墓と推定されるものを含めると、中期初頭（大和第Ⅱ様式）の方形周溝墓一基（第23次調査：唐古・鍵遺跡から南西一・二キロ）、中期中頃（大和第Ⅲ－二～三様式）の方形周溝墓四基（第20次調査：同南西八〇〇メートル）が検出されており、周辺では当該時期の集落遺構が確認されていないことから、充分に唐古・鍵遺跡との関係が推定できるものである。

八尾九原遺跡は、唐古・鍵遺跡の西方八〇〇メートルに位置する集落遺跡である。四次におよぶ調査が実施されているが、顕著に遺構が検出されたのは第1次調査のみである。弥生時代中期後葉（大和第Ⅳ－二様式）の土坑や溝、柱穴が検出されているが、集落規模は小規模であろう。この遺跡で注目されるのは、前述法貴寺斎宮前遺跡と同様に絵画土器である。絵画土器は三点確認されており、そのうち大壺の胴部に描かれた建物絵画が独特な構造の建物として注目される（図89）。独立棟持

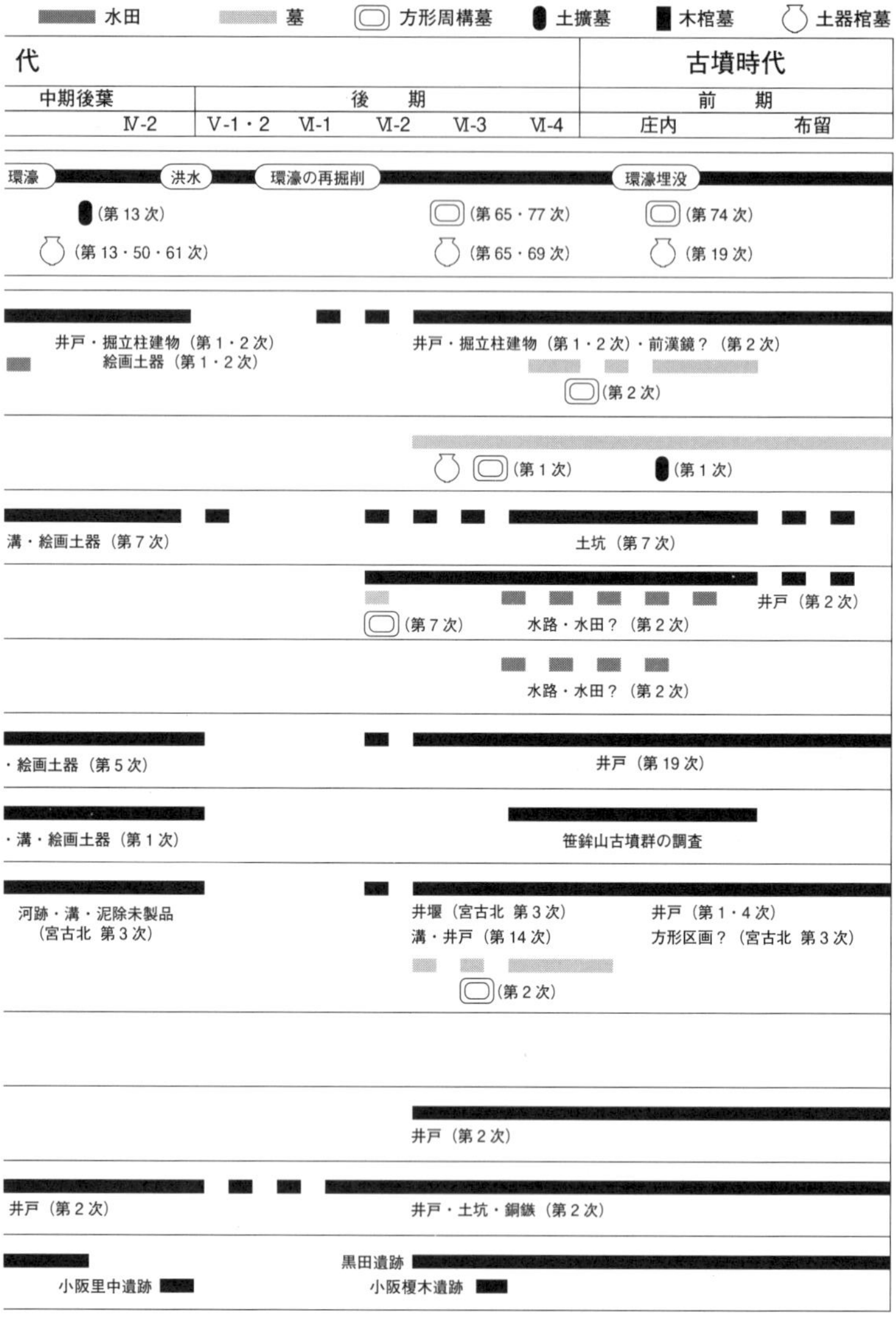
水田
墓
方形周溝墓
土擴墓
木棺墓
土器棺墓
代
古墳時代
中期後葉
後　期
前　期
Ⅳ-2
Ⅴ-1・2
Ⅵ-1
Ⅵ-2
Ⅵ-3
Ⅵ-4
庄内
布留
環濠
洪水
環濠の再掘削
環濠埋没
(第 13 次)
(第 65・77 次)
(第 74 次)
(第 13・50・61 次)
(第 65・69 次)
(第 19 次)
井戸・掘立柱建物（第 1・2 次）
絵画土器（第 1・2 次）
井戸・掘立柱建物（第 1・2 次）・前漢鏡？（第 2 次）
(第 2 次)
(第 1 次)
(第 1 次)
溝・絵画土器（第 7 次）
土坑（第 7 次）
井戸（第 2 次）
(第 7 次)
水路・水田？（第 2 次）
水路・水田？（第 2 次）
・絵画土器（第 5 次）
井戸（第 19 次）
・溝・絵画土器（第 1 次）
笹鉾山古墳群の調査
河跡・溝・泥除未製品
（宮古北 第 3 次）
井堰（宮古北 第 3 次）
溝・井戸（第 14 次）
井戸（第 1・4 次）
方形区画？（宮古北 第 3 次）
(第 2 次)
井戸（第 2 次）
井戸（第 2 次）
井戸・土坑・銅鏃（第 2 次）
黒田遺跡
小阪里中遺跡
小阪榎木遺跡

（『唐古・鍵遺跡と周辺の弥生遺跡』P13・14 の図を加筆・一部修正）

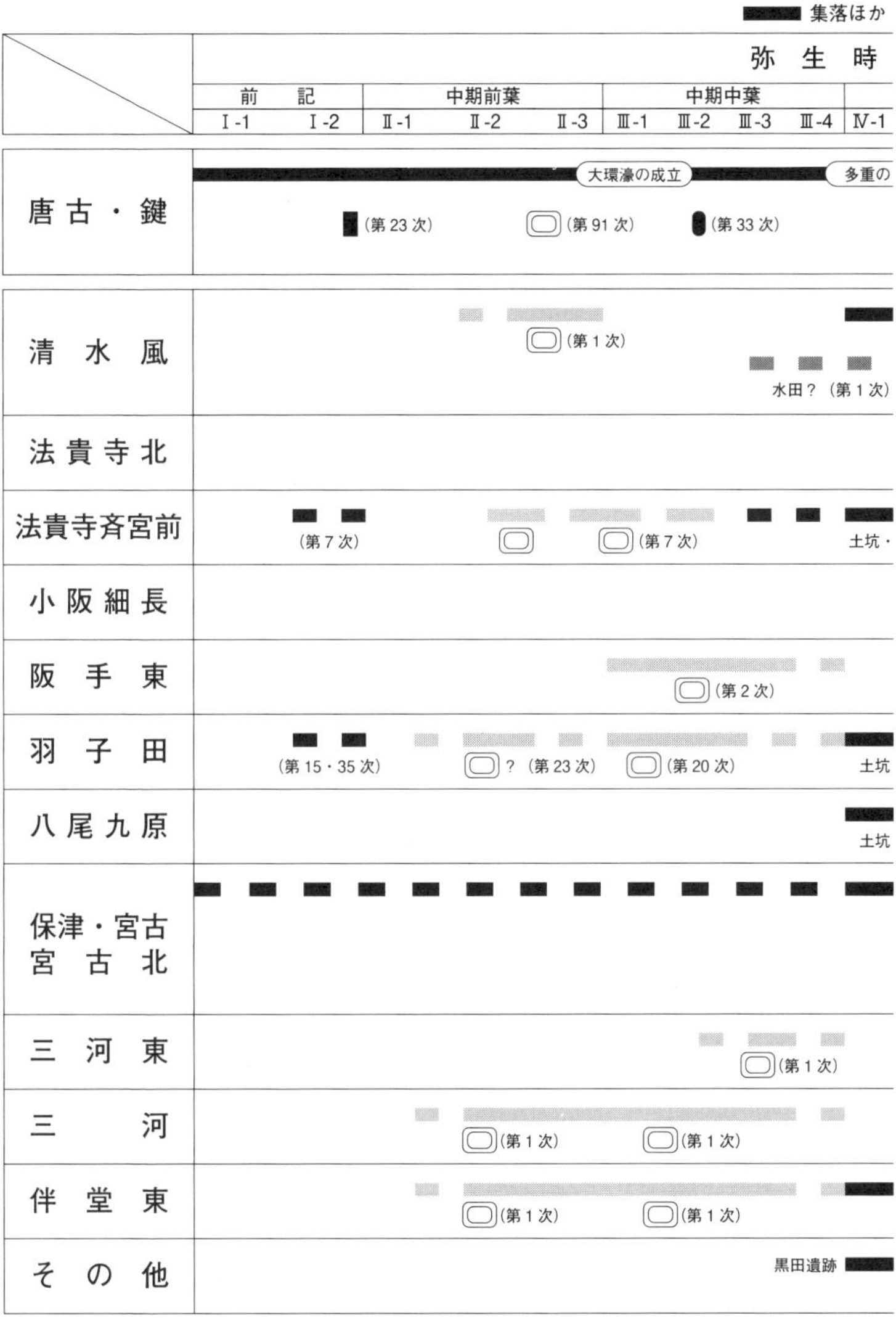
集落ほか
弥 生 時
前 記
中期前葉
中期中葉
Ⅰ-1
Ⅰ-2
Ⅱ-1
Ⅱ-2
Ⅱ-3
Ⅲ-1
Ⅲ-2
Ⅲ-3
Ⅲ-4
Ⅳ-1
唐古・鍵
大環濠の成立
多重の
(第23次)
(第91次)
(第33次)
清水風
(第1次)
水田？（第1次)
法貴寺北
法貴寺斉宮前
(第7次)
(第7次)
土坑・
小阪細長
阪手東
(第2次)
羽子田
(第15・35次)
？（第23次)
(第20次)
土坑
八尾九原
土坑
保津・宮古
宮古北
三河東
(第1次)
三河
(第1次)
(第1次)
伴堂東
(第1次)
(第1次)
その他
黒田遺跡

図90 唐古・鍵遺跡周辺遺跡の動向

柱と下向きの渦巻き状の棟飾り、棟上にも斜線による表現の飾りがつく特異な建物である。建物本体は高床で柱の表現が五本以上あることから大型建物を描いたものであろう。この大型建物が八尾九原遺跡に存在したと推定するならば、この遺跡も単なる農村とはいえないかもしれないが、遺跡全体像がみえないので今後の課題であろう。なお、この時期以降では、遺跡の南端で後期末頃の土器の散布がみられ、この時期にも小規模な集落が展開したようだ。

　八尾九原遺跡の他には、本遺跡の西方一キロ、唐古・鍵遺跡からは西方一・八キロに黒田遺跡がある。この遺跡は黒田大塚古墳と重複しており、古墳の調査時に弥生時代中期の土器片がまとまって出土したり、後期後半の井戸が検出されたりしていることから、八尾九原遺跡と同様の時期の小規模な集落遺跡が展開していたと思われる。

　また、唐古・鍵遺跡の南西一・六キロには保津・宮古遺跡がある。この遺跡はこれまで拠点集落の一つとして考えられており、弥生時代前期前半から開始する前期集落としては大きな遺跡である。しかし、中期から後期にかけての集落としての継続性や集住性が明確でなく、時期ごとに各所で展開するようで、規模的には拠点より小さく短期集落よりはやや大きい遺跡といえよう。また、遺跡北端の調査（常楽寺推定地第5次調査）で大和第Ⅲ－四様式や布留式の井戸を検出（唐古・鍵遺跡から一・三キロ）しており、距離的にも唐古・鍵遺跡との関係が気になるところである。

（四）伴堂東・三河遺跡・三河東遺跡

　三河東遺跡は、唐古・鍵遺跡の北西一キロに位置する遺跡で、二〇〇五年の個人住宅新築にともなう小規模な調査で見つかった。この調査では、大和第Ⅲ－四様式の方形周溝墓一基が確認されたのみで、墓域の広がりはわからないが、時期的には複数の方形周溝墓が存在してもいいだろう。

さらにこの三河東遺跡の北へ五〇〇《メートル》、唐古・鍵遺跡からは北西一・三《キロ》の地点に三河遺跡第1次調査地点がある。この調査で中期初頭（大和第Ⅱ－三様式）から中期中頃（大和第Ⅲ－三様式）までの方形周溝墓六基が検出されている。

一方、三河東遺跡の東四五〇《メートル》、唐古・鍵遺跡からは一・四《キロ》離れている地点に伴堂東遺跡の第1・2次調査地がある。この伴堂遺跡と三河遺跡は本来、周知の遺跡として知られてなかったが、いずれも京奈和自動車道建設にともなう大規模な調査によって弥生時代の遺構が明らかになったもので、このような遺跡はなかなか把握できないのが実態であろう。調査地の北端（第1次）で中期初頭（大和第Ⅱ－三様式）から中期中頃（大和第Ⅲ様式）までの方形周溝墓四基が、調査区中央で中期後葉から後期前半の井戸や土坑など集落遺構が多く検出され、墓域から集落へと変遷したことが明らかになったが、その規模はそれほど大きくはないと思われる。

（五）唐古・鍵遺跡周辺の弥生遺跡の動向

唐古・鍵遺跡をとりまく周辺の弥生遺跡の動向について触れてきたが、これらを時系列・性格ごとにまとめてみよう。

縄文時代晩期から弥生時代前期にかけては、法貴寺斎宮前遺跡や羽子田遺跡など数カ所の遺跡で遺物が散見するとともにわずかな遺構も見られるようであるが、活発な状況ではなく、単発的な営みであろう。

次期の弥生時代中期初頭（大和第Ⅱ様式）には、唐古・鍵遺跡では三つの地区が分立し各地区を囲むような大溝が掘削されることになるが、周辺遺跡では唐古・鍵遺跡の北・西側の清水風遺跡や伴堂東遺跡、三河遺跡、羽子田遺跡において方形周溝墓が築造されるようになる。これら方形周溝墓は単発で小規模なものであり、唐古・鍵遺跡のものとみるのか周辺集落のものとみるのか今後の周辺調査が必要になってくるであろう。中期中頃は、法貴寺斎宮前遺跡や阪手東遺跡、羽子田遺跡、三河東遺跡、三河遺跡、伴堂東遺跡などで複数の方形周溝墓が展開し、一定面積を占有するような状況になっている。また、供献土器の埋設方法など共通するものもあり、墓域の規模や距離的なものを考慮すると唐古・鍵遺跡との関係で考える方がよいと私はみている。中期後葉になると、小規模な集落遺構が唐古・鍵遺跡の全方位に展開する。清水風遺跡や法貴寺斎宮前遺跡、羽子田遺跡、八尾九原遺跡、黒田遺跡、伴堂東遺跡であり、唐古・鍵遺跡から活発に外へ出ていく状況が読み取れる。また、これらの遺跡では特殊な建物絵画が出土しており、それら周辺遺跡が単なる農耕のための分村として成立したのではなく、特別な性格・空間を有していた可能性も指摘できるであろう。

後期前半の状況は不明な点が多い。確実なものとしては、伴堂東遺跡の井戸であろうか。後期後半・末から古墳時代前期にかけては、唐古・鍵集落内部においても変質するが、それと連動するように周辺には集落遺構と方形周溝墓が活発に展開するようになる。

このように変遷した遺跡は、唐古・鍵遺跡から河川やその後背湿地を一つ二つ隔てたところにある。したがって、唐古・鍵ムラ本村の状況変化に連動し、それら地域内でその時期に適した場所を占地し、集落・水田・墓地を経営したと考えられる。まさにこれら遺跡は単独では維持されず、おそらく唐古・鍵遺跡と運命共同体的な存在であり、「唐古・鍵遺跡群」としてとらえることが必要であろう。

2 唐古・鍵遺跡の特質

(一) 唐古・鍵遺跡の特質

唐古・鍵遺跡の集落構造と変遷は、奈良盆地中央の低地部に立地する他の拠点集落である平等坊・岩室遺跡や坪井・大福遺跡でもほぼ同じようであったと思われる。これら集落は、奈良盆地のなかでも弥生時代前期の最も早い段階に集落が成立した遺跡であり、これは盆地低地部が初期農耕を展開するに適した可耕地であったからで、急進的に展開していったのだろう。

弥生時代前期に成立した盆地各所の集落は、前期末から中期初頭には人口増加と集住、水田可耕地の拡大を求め周辺に小集落を誕生させるようであるが、唐古・鍵遺跡の周辺でも点在するようになる。しかしながら、これら小集落はその内容の貧弱さから自給自足的に経営されているようには見えず、生産道具類は拠点集落から供給するというシステムをとっていたと推定される。そのためには唐古・鍵遺跡のような拠点集落が必要であり、この頃には拠点集落と衛星集落の関係ができあがったのだろう。そして弥生時代中期以降、手工業生産と流通・広域化の整備、富の蓄積と権力の強化が整い、求心力が強まり究極の形として具現化したのが上記のような中期の大環濠集落だったのであろう。

また、盆地低地部に特徴的にみられる多重環濠は、防御はもとより、安定した居住地の確保に重点がおかれていたと考えられる。つねに洪水の危機にさらされるような沖積地の不安定な立地状況を克服するため、排水機能を高め、集落を維持するために環濠や集落内の大溝が掘削されたと考えるほうが理解しやすい。さらには、環濠掘削という土木工事のエネルギーを一極に集中させる装置として環濠が存在しており、多重環濠で囲まれた空間こそ集落構成員の一体感を強化する象徴的な空間として、長期間にわたって存在させたと考えられる。

唐古・鍵遺跡、平等坊・岩室遺跡、坪井・大福遺跡は、発掘調査の進展具合から集落内容の把握に粗密があり一概に比較できないが、感覚的には唐古・鍵遺跡の遺構・遺物は他の拠点集落に比較して、その規模（量）や質の点において優勢であるように思える。これら集落はその後の地域の発展の基礎となる点で他の集落にくらべ優越的であるが、そのなかにあって唐古・鍵遺跡は前期初頭段階から多数の木器貯蔵穴を有し主導的に木器生産を行っており、他の二つの集落と比して生産力と規模において卓越する存在であったろう。

唐古・鍵弥生集落の中期から後期にかけての特徴は、以下の四つの視点でみることができよう。

第一はムラの占有面積が大規模であり、環濠という規定された範囲内で居住区が移動せずに営まれることである。一般的な集落の居住区は、時期ごとに移動変遷することをくり返し、その結果、「遺跡規模」は大規模になるが一時期で見るならば小さく、唐古・鍵遺跡とは質的に大きな違いがある。唐古・鍵遺跡は同じ範囲内での内的発展と環濠の拡大という二面をもって集落が維持され、弥生前期から古墳時代前期まで安定した状態、あるいは安全な土地を擁していたということで、そこには物と人の集約がみられるのである。

第二は執拗なまでに多条の環濠をめぐらすこと

である。大環濠とよばれる居住区全体を囲むほぼ円形を呈する環濠と、その外側に形成される多条環濠で環濠帯を形成する。この環濠帯を含め、その外側には居住遺構はいっさい形成されず、ムラの内・外という概念が成立しているのである。

第三は、居住区に掘立柱建物で構成される地区、竪穴住居で構成される地区、青銅器を鋳造する工房区、首長居住区（？）を想定できる地区があり、集落全体が等質的なものでないと推定できることである。

第四は、環濠集落の外部エリアに墓域や水田域を展開し、また、短期的な衛星集落をも内包しながら地域共同体「唐古・鍵遺跡群」を形成することである。

弥生時代後期、近畿地方の大規模集落が衰退し丘陵性の大遺跡が出現するという傾向のなかにあって、唐古・鍵遺跡はその位置を変えず執拗なまでに環濠を再掘削し、大環濠集落を維持するという方向を貫いている。これは、奈良盆地のなかにあってこの場所を保持する必要があったからで、ここに唐古・鍵遺跡の特質が表れているとみるべきであろう。その後、後期後半から末には奈良盆地内のムラの動向と連動するように、この盟主的な位置を維持することができなくなり、集落構造も変質したと考えられる。新しい時代の幕開けであるが、前にも述べたように古墳時代前期の唐古・鍵遺跡は盆地内にあって弥生時代からの拠点集落として連綿とつづく米生産の主体的な立場の一つであり、ヤマト政権の底辺を支えていたことは間違いないであろう。

(二)　位置的な特性

唐古・鍵遺跡の特質は、奈良盆地の中央に位置し、大和川（初瀬川）から少しさかのぼったところに立地していることにある。当時の交通手段は水運を利用したものが中心であったことから、河内地域から最初にたどり着く「港」としての機能を有していたと考えてよい。また、唐古・鍵遺跡の大規模な環濠は充分に運河の役目をはたしていたであろう。

西方の文化は瀬戸内・河内地域から大和川をさかのぼり唐古・鍵遺跡へ、東方の東海地域の文化は山を介在させた都祁・伊賀・伊勢を通じた結びつきであり、立地条件的に唐古・鍵遺跡が奈良盆地のなかでも適した場所に位置していたと考えられる。広域な範囲を示す唐古・鍵遺跡の搬入土器は、唐古・鍵遺跡に集中する物（人）の集約として見出すことができ、瀬戸内地域⇕東海地域の太い動脈を想定することができる。本遺跡の様相は、東日本の西端、あるいは西日本の東端という両側面であり、唐古・鍵遺跡の発展は西日本（瀬戸内）と東日本（伊勢湾）地域の文化が接触することによって生まれたものであろう。

唐古・鍵遺跡が所在する現在の田原本町は、奈良県の中和地区の中心的な町として発展した。それは時代を問わず、交通機関の要になっていたからである。古代には「下ツ道」「太子道」「保津・阪手道」が通り、平城京・斑鳩から藤原京・飛鳥への中継点となっていた。また、江戸時代には、唐古・鍵遺跡の西二〇〇メートルにある寺川に「今里の浜」があり、大阪からの物資が大和川をさかのぼり、舟運で荷揚げされていた。奈良盆地に人が定住し物の流れが生じるようになった段階、すなわち、その始まりが唐古・鍵遺跡からであったといえよう。

Ⅷ　唐古・鍵弥生集落のその後と現在

1　古墳時代以降の変遷

削平された古墳群と集落

奈良盆地の周辺部にあたる標高一〇〇メートル前後の丘陵上には、古墳時代前期から中期にかけて大規模な古墳群が展開しているのに対し、盆地中央の低地部では造墓活動はあまり盛んでなかったように思われてきた。しかし、田原本町の低地部においても発掘調査が数多く実施されるようになってくると、墳丘が削平され水田下に埋没した小規模な古墳が多数存在することがわかってきたのである。

これまでの唐古・鍵遺跡の発掘調査で、六世紀代の後期古墳が一〇基あまり確認された。これらの古墳は、古代から中世にかけて農耕地となり開墾されたため、墳丘が削平され周濠のみ残ったものである。古墳を築造するため、弥生時代の遺物包含層や遺構の一部を破壊し周濠を掘削した。多くは一辺一〇メートル前後の小規模な方墳で、唐古・鍵弥生集落の西地区を中心に築造された。

これらの古墳のなかで、盟主的な古墳と思われる前方後円墳が唐古池南一〇〇メートルの地点で見

図91　唐古・鍵４号墳

つかっている（図91）。この古墳は、南側の括れ部近くしか調査していないので規模は不明であるが、全長五〇㍍前後のものであろう。注目されるのは、この括れ部ちかくの周濠内から多数の形象埴輪や円筒埴輪、木製品が良好な状態で出土したことである。これは墳丘築造後、早い段階に墳丘の崩壊が始まり、樹立していた埴輪類が周濠に転落したためであろう。蓋形埴輪や馬形埴輪、巫女形埴輪などがあり、盆地低地部の埴輪として良好な資料となっている。

　これら古墳が展開したところの小字名をみてみると、「上塚」や「狐塚」の塚名がつけられており、その存在は中世頃までわかっていたのであろう（図９）。この古墳群は、小規模な古墳で構成されており、また、一㌔内外の範囲に展開していることから、在地の首長を中心とする墓域であったと考えられる。

　唐古・鍵遺跡の西半を中心に展開した古墳群に対し、東半では集落遺構が見つかっている。唐古池の東側で実施した第59次調査では、古墳時代後期の一辺三・四㍍の方形プランの大形井戸を検出している。この井戸からは、木製の腰掛けや田下駄、手網、木錘などとともに、馬の頭骨が出土し、井戸に祭祀遺物が一括投棄されたものと推定できるものであった。この唐古池の東部は、これ以外にも製塩土器や子持ち勾玉など注目される遺物が出土しており、盆地低地部においても有力な地域首長が存在したことが考えられるのである。

古代・田中庄

唐古・鍵遺跡の辺りが、延久二年（一〇七〇）に興福寺の荘園だったことは第Ⅱ章で触れたが、それ以前は源氏物語の作者である紫式部の夫であった藤原朝臣宣孝の所領であった。それは『三条家本北山抄裏文書』の長保元年（九九九）の記載にみえる城下郡東郷の「田中庄」のことで、この「田中庄」は唐古池の東隣接地にある字名「田中」に比定されている（図9）。この小字「田中」にあたる場所の発掘調査では、古代から中世にかけての遺構・遺物がまとまって出土しており、第5次調査では板組の立派な井戸が検出され、井戸底からは十世紀中頃の黒色土器の坏身が出土している。また、周辺では銅鈴や白磁碗、緑釉などが出土しており、十世紀頃から荘園を管理する施設が存在したと推定されるのである。

古代から中世前半の文献上でみられる唐古・鍵関係記事はこれのみであるが、発掘調査では十一世紀から十五世紀にかけての遺構・遺物が多く見られる。特に唐古池内の東側堤防下で行った第26次調査では、十二世紀後半の曲物を利用し八段に積み上げた井戸が検出され、枡と鉄鏃、瓦器埦などがまとまって出土しており、枡は最古級の出土品で注目される遺物である。

唐古氏の中世居館と近世・近代の景観

興福寺大乗院の尋尊・政覚・経尋が宝徳二年（一四五〇）から大永七年（一五二七）にかけて記録した日記『大乗院寺社雑事記』には、応仁の乱前後の大和の情勢が事細かに綴られている。田原本町あたりの在地武士も多く登場しており、唐古・鍵遺跡の東側を流れる初瀬川沿いの地帯には、法貴寺に所在する「法貴寺氏」を盟主に「長谷川党」があり、周辺には「法貴寺丹波」「唐古」「唐古南」「唐古東」「八田」「小阪」という在地武士の

図92　中世居館の環濠

名がでてくる。これら在地武士の名の多くは、現在の大字名や小字名にほぼ比定できる。さらには、これら在地武士の居館も、条里制区画とやや異なったり、水田より一段高い畑地であったり、小字名に居館や氏名《うじめい》を想起されるものもあり、これら在地武士の居館が推定できるのである。

　唐古・鍵遺跡では「唐古」「唐古南」「唐古東」の三者がみられ、発掘調査でも中世遺構が数多く検出されており、それらを該当させることが可能である。「唐古」は唐古・鍵遺跡の北端、現在の唐古集落と重複する場所、「唐古南」は唐古・鍵遺跡の西部で現在の鍵集落と一部重複し、さらにその北側にあたる場所、「唐古東」は唐古・鍵遺跡の東部で前述の田中庄と重複すると推定しているが、十五～十六世紀の遺構は少ない。

　この三者のなかで最も内容が判明しているのが「唐古南」である。この推定地では、すでに十世紀中頃から遺構・遺物が散見するようになり、十四世紀まで継続的に屋敷が営まれた。十四世紀代には、屋敷全体を大きく囲む居館に変貌を遂げ、その範囲は推定で東西一〇〇メートル以上、南北三〇〇メートルほどもあり、中世の戦乱の状況が表れているのであろう。この居館の範囲は、弥生集落の西地区にあたる最も安定した微高地であり、弥生時代前期以降、古墳時代には古墳の築造、古代～中世には屋敷・居館、近世には集落として、重複する形で営々と利用されており、原始より安定した土地であることを示している。

ところで、これら古代～中世にかけての遺構は弥生集落と重複部分が多く、弥生遺構はことごとく破壊されている。中世大溝や井戸から出土する遺物の九割以上が弥生であり、中世遺物は極わずかである。中世の人たちも遠い先祖の遺物量に驚いていたのではないかとつい想像してしまう。

近世に入ると在地武士は幕藩体制のもと帰農し、集落が統廃合されたようである。したがって、現在私たちがみている景観、すなわち唐古集落や鍵集落、唐古池と鍵池、水田は近世以降に整備されたものなのである。

2　史跡整備とミュージアム

国史跡指定と史跡公園、復元楼閣　唐古・鍵遺跡は、一九〇一年に高橋健自が初めて「鍵の遺跡」としてその名を世に知らしめてから九八年の歳月を経た一九九九年一月二十七日、念願の国の史跡となり、法的に守られることになった。史跡の範囲は、学史的に貴重な唐古池を中心に東西南北約三〇〇平方《メートル》が指定された。その後も追加指定があり、現在では約一〇万二六〇〇平方《メートル》となっている。

史跡指定と同時に公有化も進められ、唐古池を除く史跡地が「弥生の風景」を再現する公園としての整備が進められていくことになっている。公園には、ガイダンスゾーンや復元整備ゾーン、体験・学習ゾーン、弥生の林ゾーンなどとして整備され、活用されることになる。

唐古・鍵遺跡が国史跡になる以前の一九九四年、田原本町では遺跡の「シンボル・タワー」・「ランドマーク」とするため、楼閣の描かれた土器片を手掛かりに楼閣の復原を行った。それは楼

図93　国史跡　唐古・鍵遺跡

閣絵画土器の発見によって一躍脚光を浴びた遺跡だったが、現地にはなにもなくどこが遺跡なのかまったくわからない状況だったからである。本来なら、楼閣の柱穴が検出された場所に復元するのであるが、発掘調査では楼閣の柱穴は見つかっていないので、その建築地はすでに遺構の破壊されている唐古池のなかの西南隅とし、池内にコンクリート柱の基礎土台を作り、その上に木造の楼閣を復元したのである。

　楼閣の復元は、中国や古代建築、考古学の一線の研究者である石野博信、故・佐原真、故・岡田英男、田中淡、浅川滋男諸氏五人による検討会でできあがった。柱は絵画を参考に四本柱とし、柱が内側に向って傾く状況（転び）も採用した。柱の太さ五〇センチ、柱間四×五メートル、高さ一二・五メートルで、吉野ヶ里遺跡の物見やぐらより少し高い。屋根は二層とも茅葺き、渦巻き状の屋根飾りは藤蔓、鳥は丸彫製の木の鳥を取り付けた。楼閣の性格は宗教的な建造物という設定である。

　復元楼閣の効果は非常に大きかった。研究者にはあまり評判はよくなかったが、地元を初め一般見学者には視覚的効果が絶大で、その後の保存運動推進の役目を果たすことになったのである。

唐古・鍵考古学ミュージアム　二〇〇四年十一月、唐古・鍵遺跡の南一キロに開館した。ミュージアムは、図書館やホール、公民館の複合施設である田原本青

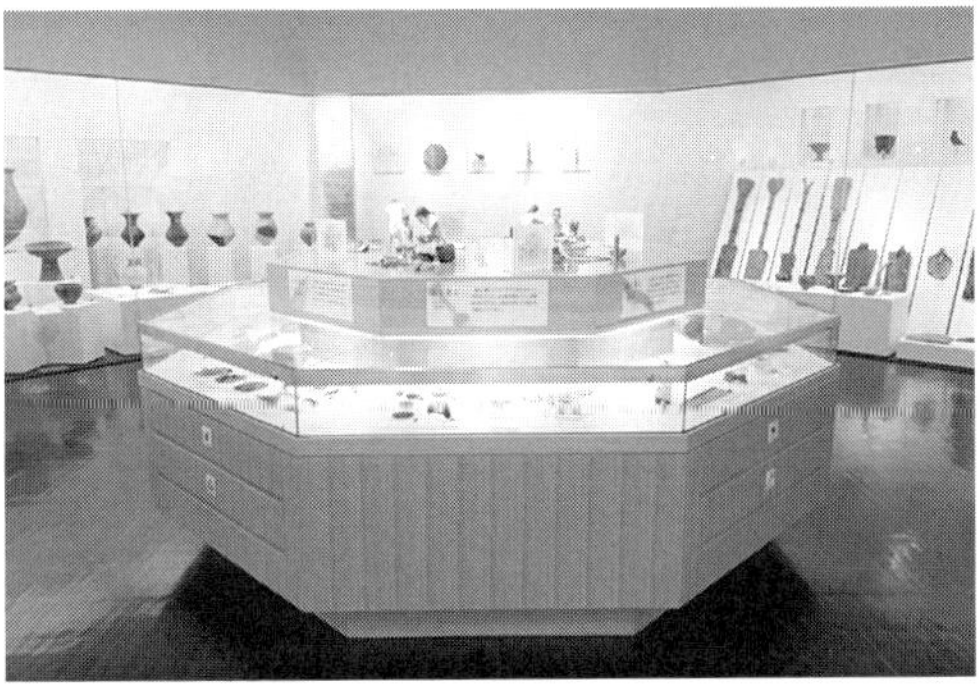

図94　唐古・鍵考古学ミュージアム

垣生涯学習センターの一つであるが、唐古・鍵遺跡にとって待ちに待った資料館であった。田原本町が行った唐古・鍵遺跡の調査は第3次調査以降112次に及び、その遺物は約一万三〇〇〇箱という膨大な量になっていた。これらのなかには、弥生時代を語る上で欠かせない重要遺物が豊富に含まれており、その極極一部ではあるが、一般に観覧できるようになったのである。

　ミュージアムの展示面積は三四七平方メートルで、三つの展示室で構成されている。第一室・第二室は唐古・鍵遺跡の出土品、第三室は町内の各遺跡から出土した遺物が展示されている。その総数は九三四点で、考古資料を中心にほとんどを実物で展示するという方針で進めた。複製品は唐古池の第1次調査や飯田氏資料（天理参考館）の数点で、日本でここにしかなく、弥生研究に欠かせない遺物、たとえば、楼閣の絵画土器、鞘入り石剣、褐鉄鉱に入った翡翠勾玉等々、数え切れない資料の実物が並んでいるのである。

　第一室では、唐古・鍵遺跡を取り巻く自然環境の復元、また、その環境に棲息する動植物と食体系（生業）、交流と戦い、死、そして神へのいのりを表す祭祀遺物の数々を展示している。特に絵画土器を参考に製作したシャーマンの模型やまつりの場面を再現した模型は、弥生時代の精神文化をイメージできる楽しいものとなっている。

　第二室では、環濠集落の内部で行われていた手工業生産をテーマに展示している。土器・石器・木器などの製作各工程の遺物と製作に関わる道具、青銅器・玉つくり・機織・藁細工などの道具類と製品を展示。弥生時代の唐古・鍵ムラの人びとの技術力、生産力、規模と量、質の高さをこの展示で知ることができる。また、じっくり観覧すれば、犬の歯型やネズミの爪痕が残っている土器片なども見つけることができ、弥生の暮らしの一端を垣間見ることができるのである。なお、第二室の壁面の大型三面スクリーンには、唐古・鍵ムラのある日のできごとと「ものづくり」をテーマに唐古・鍵ムラの繁栄が映し出され、難解な考古資料を理解しやすくしている。

第三室は、田原本一万年の歩みを考古遺物を通してみることができ、展示物の中でも特に埴輪には優品が多い。重要文化財に指定されている「牛形埴輪」を始めとして馬・盾持ち人・家形の形象埴輪が展示されている。唐古・鍵四号墳の蓋形埴輪や馬形埴輪、古墳時代集落から出土した須恵器や木製の腰掛け、子持ち勾玉、平安時代の坏、枡など、古墳から中世にかけての貴重な遺物も展示されているのである。

弥生時代の考古遺物は、一部銅鐸のように見栄えのするものもあるが、一般的にはそれほど注目されるものは少ない。まったく派手さがないのである。しかし、地味ではあるが素朴な農耕文化をそこに見ることができるという楽しみがある。このミュージアムの名称が唐古・鍵考古「学」ミュージアムと称するように、展示されている遺物一点一点が私たちにいろいろなことを考えさせてくれる、考古学の世界に誘ってくれるのである。ぜひ、弥生の本物に触れ、その技術と文化を知ってもらいたいと思っている。

唐古・鍵 考古学ミュージアム

住　　所　〒636-0247　奈良県磯城郡田原本町阪手233-1
　　　　　　　　　　　田原本青垣生涯学習センター２階
問い合せ　TEL 0744-34-7100　FAX 0744-32-8770
開館時間　午前９時～午後５時（入館は午後４時30分まで）
休 館 日　毎週月曜日（祝日の場合は開館し、次の平日が休館）
　　　　　年始年末（12月28日～１月４日）
観 覧 料　大人200円　高校・大学生等100円　15歳以下は無料
　　　　　（20名以上の団体は50円割引）
　　　　　※特別展、企画展の観覧料は別に定める。
交通案内　〔自動車〕
　　　　　西名阪自動車道「郡山」IC から約30分
　　　　　〔鉄道〕
　　　　　近鉄「田原本駅」・「西田原本駅」下車　徒歩20分

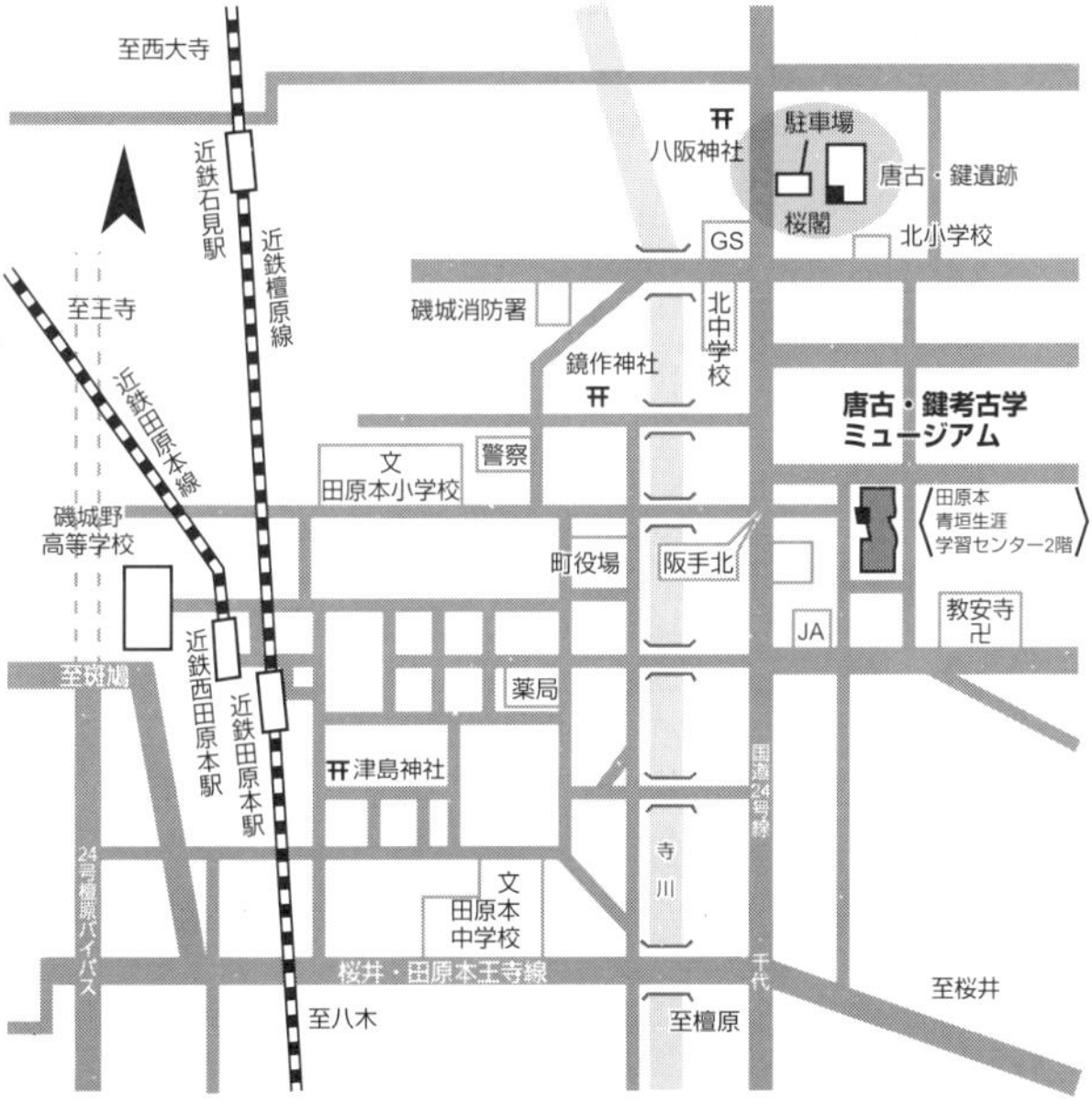

唐古・鍵遺跡発掘年表

次数	調査地	調査期間	調査面積	主要遺構	主要遺物	調査成果
1	田原本町唐古126(唐古池)	1937年1月8日～1937年3月28日	約12000㎡	百数基の土坑群、木器貯蔵穴、井戸(遺跡北部)	各種木製品、炭化米、突帯文壺、彩紋土器、舟・鹿等絵画土器	弥生農耕文化の認識
2	田原本町唐古82-2(レストラン)	1967年10月1日～1968年4月10日	105㎡	環濠4条(遺跡北西端)		
3	田原本町鍵161他(北幼稚園)	1977年8月1日～1977年11月15日	1000㎡	環濠3条、井戸(遺跡南東端)	銅鐸他鋳造関係遺物、木製四脚容器、猪下顎14体、ガラス勾玉、鐸形土製品、銅鏃	環濠の発見。遺跡名称変更。銅鐸をつくるムラ
4	田原本町鍵155他(北小学校校舎)	1978年4月22日～1978年5月15日	580㎡	小溝、小土坑(遺跡南東限)		遺跡南東端の確認
5	田原本町唐古144	1978年5月16日～1978年6月20日	110㎡	溝、土坑、柱穴、中世木組井戸(遺跡中央部)	管玉、糞石、丹塗壺、田舟、黒色土器	居住区の確認
6	田原本町唐古65-1(用水路)	1980年1月18日～1980年1月22日	120㎡	中近世大溝(遺跡北西端)		
7	田原本町鍵183	1980年1月23日～1980年2月14日	100㎡	弥生後期溝2条、河跡?(遺跡東端)	特殊タタキ壺	
8	田原本町鍵308	1980年2月15日～1980年4月4日	200㎡	井戸、土坑、小溝、中世大溝(遺跡西部)	彩紋土器、前期の箕、弓	中世館跡の確認
9	田原本町鍵196-2(用水路)	1980年4月5日～1980年4月19日	200㎡	弥生中期環濠2条(遺跡南東端)		
10	田原本町鍵2-5(派出所)	1980年10月17日～1980年10月19日	80㎡	(遺跡南東限)		
	田原本町鍵193-1	1980年12月25日	30㎡	(遺跡南東限)		
11	田原本町鍵309-1.310-1	1981年1月27日～1981年3月28日	210㎡	弥生前期のドングリピット、柱穴、井戸 古墳周濠、中世大溝、井戸(遺跡西部)	鶏頭形土製品、打製石剣、古式土師器、鶏形埴輪	
12	田原本町唐古96(用水路)	1981年11月9日～1982年2月5日	340㎡	環濠5条(遺跡北西端)		ムラ北西端の確認
13	田原本町唐古60-1	1982年7月2日～1982年10月5日	215㎡	環濠5条、井戸、甕棺(遺跡西端)	鞘入石剣、ケヤキ原木、鐸形土製品、箕、楯、猪下顎7体	ムラ西端の確認
14	田原本町鍵306(店舗)	1982年11月16日～1982年12月25日	50㎡	弥生後期の井戸、中世期の建物(遺跡西部)	青銅鏡、送風管、管玉、井戸供献土器、弧帯紋様土器、近江産土器	西地区居住区の確認
15	田原本町唐古98-1	1983年1月11日～1983年2月15日	200㎡	環濠4条(遺跡北西端)	広鍬、尾張系土器	
16	田原本町鍵280-1.282-2	1983年4月18日～1983年6月24日	約155㎡	前期環濠、中期大溝3条(遺跡南西部)	耳成山産石庖丁、広鍬未成品	流紋岩石庖丁の製作判明
17	田原本町唐古80-2(レストラン駐車場)	1983年9月9日～1983年9月17日	約200㎡	環濠4条、集水施設2基(遺跡北西部)	前期大壺	ムラ北端の確認
18	田原本町唐古126(唐古池北西の擁壁)	1983年11月28日～1983年12月3日	63㎡	北方砂層(遺跡北部)	短頸壺	
19	田原本町唐古57-2.59	1984年2月6日～1984年5月2日	約315㎡	環濠2条、土坑、井戸、木器貯蔵穴、2段土器組井戸枠、壺棺(遺跡西部)	鐸形土製品、猪形土製品、ヒスイ玉、ガラス小玉、骨針、広鍬未成品、吉備産大壺、尾張産条痕文土器	
20	田原本町鍵302-1.307-1	1984年11月28日～1985年4月8日	150㎡	前期木器貯蔵穴群、井戸、大甕井戸枠、柱穴、古墳周濠(遺跡西部)	卜骨、投弾、焼土と焼けた土器、炭化籾、アカニシ	祭祀遺物の一括廃棄
21	田原本町唐古78-4.79-22(店舗)	1985年5月8日～1985年5月13日	約65㎡	環濠2条(遺跡北西限)	横鍬	
22	田原本町鍵308-1	1985年9月3日～1985年11月25日	約250㎡	弥生の井戸、木器貯蔵穴、中世居館の環濠(遺跡西部)	大形絵画土器、独鈷石、条痕文土器、穿孔猪下顎	
23	田原本町唐古126(唐古池東側の擁壁)	1985年12月9日～1986年2月25日	約200㎡	木棺墓2基、大木刳貫井戸、柱穴、溝(遺跡北部)	矛形木製品、卜骨、巴形銅器、尾張産の土器、布ぎれ、縄、石棒、鐸形土製品	大陸系人骨の発見
24	田原本町唐古141	1986年2月13日～1986年3月31日	約130㎡	環濠2条、北方砂層、柱穴(遺跡東部)	刻み鹿角、木製槽、大形石庖丁	東部の環濠確認
25	田原本町唐古198-2	1986年3月6日～1986年3月31日	約30㎡	環濠1条(遺跡北東限)	打製石剣、壺蓋	
26	田原本町唐古126(唐古池東南の擁壁)	1986年12月15日～1987年2月24日	115㎡	前期の大溝、井戸、中世曲物井戸枠(遺跡北部)	杓子、打製石剣、枡、鉄鏃	
27	田原本町唐古161-2	1987年1月23日～1987年3月10日	320㎡	環濠5条、古墳時代後期の河道(遺跡東端)	布留式土器、須恵器	ムラ東端の確認
28	田原本町唐古黒白地内(用水路)	1987年2月5日～1987年2月10日	275㎡	環濠7条(遺跡北東端)		
29	田原本町鍵36他(東の用水路)	1987年3月4日～1987年4月6日	260㎡	環濠7条(遺跡西端)	着柄鍬	

30	田原本町唐古90他（東の用水路）	1987年4月6日～1987年4月10日	150㎡	環濠4条（遺跡北端）		
31	田原本町唐古65-1.64-4（レストラン）	1987年6月15日～1987年7月1日	約350㎡	環濠3条（遺跡北西端）		
32	田原本町鍵142-4	1987年9月10日～1987年9月15日	32㎡	環濠1条（遺跡南限）		
33	田原本町鍵262-1	1987年11月5日～1988年5月1日	約300㎡	環濠2条、井戸、木器貯蔵穴、土壙墓（遺跡南部）	細形銅矛片、銅鏃、木戈、勾玉、管玉、着柄石小刀、卜骨	南側環濠の確認。南地区居住区の確認
34	田原本町唐古142他（東の用水路）	1988年2月15日～1988年2月25日	約250㎡	環濠3条、北方砂層（遺跡東端）	槽、河内産の土器	
35	田原本町唐古95他（東の用水路・町道）	1988年3月7日～1988年3月8日	約150㎡	環濠3条（遺跡北端）		
36	田原本町唐古526-1	1988年8月29日～1988年9月3日	50㎡	弥生遺構なし、中世大溝1条（遺跡北限）	中世土器、下駄	
37	田原本町唐古126（唐古池西側の擁壁）	1989年1月9日～1989年4月11日	350㎡	環濠2条、大溝、南方砂層、井戸、木器貯蔵穴、柱穴（遺跡北部）	井戸供献土器、卜骨、木製牙をさした猪下顎骨、条痕文土器、サヌカイト原石6点、骨針、牙製装身具、簪	北地区居住区の確認
38	田原本町唐古51-1.54-1.55-1	1989年10月14日～1989年10月31日	72㎡	木器貯蔵穴、井戸、中世大溝2条（遺跡西部）	彩紋土器、各種木器未成品、条痕文土器、古式土師器、子持勾玉	
39	田原本町鍵40他（用水路）	1989年11月7日～1989年11月29日	160㎡	弥生時代中期の河跡（遺跡南限）		ムラ南限の河跡確認
40	田原本町鍵158-1他（北小学校体育館）	1990年5月18日～1990年8月15日	760㎡	環濠3条、井戸、木器貯蔵穴（遺跡南東端）	鋳造関係遺物、鉄斧、土製勾玉、木錘12点、橋脚、着柄鍬、鋤、サメ歯	
41	田原本町鍵374	1990年6月4日～1990年6月14日	20㎡	前期環濠1条（遺跡南西端）	多量の丸太杭	
42	田原本町唐古64-4.65-1（レストラン）	1990年7月11日～1990年9月21日	740㎡	環濠4条、中世井戸・大溝（遺跡北西端）		
43	田原本町鍵36～40（用水路）	1990年10月31日～1990年11月15日	150㎡	弥生中期の河跡（遺跡南限）		
44	田原本町鍵268-1	1991年2月12日～1991年4月6日	130㎡	大溝2条、土坑（遺跡南西部）	近江・紀伊・河内産土器、縄文土器、鐸形土製品	多量の搬入土器
45	田原本町唐古334.335-1（コンビニ）	1991年6月5日～1991年6月11日	約40㎡	弥生時代前期の河跡、中世大溝（遺跡北端）	前期壺、杓子未成品	
46	田原本町鍵315-1	1991年9月12日～1991年9月21日	約10㎡	中世大溝1条（遺跡西部）	武器形木製品？	
47	田原本町鍵155（北小学校プール）	1991年10月2日～1991年12月1日	約625㎡	環濠4条、橋脚（遺跡南東端）	鋳造関係遺物、楼閣絵画土器	ムラの出入口の確認
48	田原本町唐古138.141.142隣接地（用水路）	1991年11月18日～1992年1月16日	約130㎡	環濠2条、土坑、柱穴（遺跡東部）	タタキ板、渦文タタキ壺、分銅形土製品、魚絵画土器、古式須恵器	
49	田原本町鍵263-3	1991年12月2日～1992年1月21日	約91㎡	環濠1条、小溝、土坑（遺跡南部）	銅鏃、スッポン絵画土器	
50	田原本町鍵251～261東（用水路）	1992年11月10日～1992年12月27日	215㎡	大溝、河跡、井戸、柱穴、壺棺、大壺・大甕の井戸枠（遺跡中央部）	天竜川流域産の土器、銅戈絵画土器	
51	田原本町唐古126（唐古池南側の擁壁）	1993年1月11日～1993年2月4日	50㎡	大溝、小溝、井戸、柱穴、橋脚（遺跡北部）	卜骨、吉備の器台、楯、杓子未成品、人形土製品	
52	田原本町鍵226-4	1993年2月8日～1993年2月26日	60㎡	環濠1条、大溝（遺跡南西部）	流紋岩原石、渦文タタキの壺、建物絵画土器	
53	田原本町鍵242-2～249-1隣接他（用水路）	1993年11月9日～1993年12月28日	235㎡	木器貯蔵穴、谷地形、大溝（遺跡中央部）	多量の石鏃・石庖丁、鹿絵画土器、銅鏃、ヒスイ勾玉、碧玉大管玉	
54	田原本町唐古162～166隣接他（用水路）	1993年11月15日～1993年11月25日	110㎡	河跡（遺跡東限）	刻み梯子、柱	東端の確認
55	田原本町唐古83-1	1994年3月7日～1994年3月26日	160㎡	環濠2条（遺跡北西端）	刻み梯子未成品	
56	田原本町法貴寺1085-2他（水路）	1994年11月17日～1995年1月25日	330㎡	河道（遺跡東限）	完形土器群	東端の確認
57	田原本町唐古209他（水路）	1995年3月7日～1995年3月13日	550㎡	流路、小溝、河道（遺跡北限）	土器	
58	田原本町鍵281-1の一部	1995年8月17日～1995年9月28日	138㎡	大溝2条、井戸、中世大溝1条、土坑（遺跡西部）	木製壺、骨針、中世土器、櫛、銭貨	
59	田原本町唐古127（西隣水路他）	1995年11月7日～1996年3月15日	弥生300㎡	大溝、井戸、北方砂層、柱穴（遺跡北部）	子持勾玉、玉類、古式須恵器、馬骨、骨針、クジラ骨	
			中・近世1200㎡	中世土壙墓、井戸、小溝（中世居館）	銅鈴	

60	田原本町唐古127-2他	1996年11月6日～1996年12月26日	509㎡	環濠(遺跡北東限)	木製鞘	北東端の確認
61	田原本町鍵166	1996年11月20日～1997年3月6日	333㎡	区画溝、井戸、土坑、柱穴(遺跡東南部)	鋳造関連遺物、ヒスイ勾玉、大管玉未成品、絵画土器、楯、銅鏃	
62	田原本町鍵380-2	1997年2月19日～1997年3月27日	約80㎡	環濠1条、土坑、中世大溝、柱穴(遺跡西部)	多量の完形土器群、水晶玉、多量のモモ核、絵画土器、中世土器	
63	田原本町鍵264-1	1997年2月25日～1997年3月31日	約120㎡	区画溝、井戸、土坑(遺跡南部)	完形土器群、鍬、鋤未成品、絵画土器	
64	田原本町唐古528-2	1997年7月8日～1997年7月25日	92㎡	弥生前期河跡、近世大溝(遺跡北限)	前期土器	
65	田原本町鍵171-1,172	1997年7月29日～1998年3月31日	545㎡	大溝、竪穴住居跡、井戸、炉跡、方形周溝墓、壺棺(遺跡南東部)	青銅器鋳造関連遺物、銅鏃、卜骨、完形土器群	青銅器工房跡の確認
66	田原本町唐古528-1	1997年9月16日～1997年10月11日	152㎡	弥生前期河跡、近世大溝、井戸(遺跡北限)		
67	田原本町鍵333-1	1997年9月24日～1997年10月3日	34㎡	弥生中期河跡(遺跡北限)	完形土器	
68	田原本町鍵356-34	1998年6月4日～1998年6月8日	18㎡	環濠1条(遺跡西限)		西端の確認
69	田原本町鍵170	1998年7月21日～1999年3月29日	919㎡	環濠1条、区画溝、土器組井戸(遺跡南部)	完形土器群、人形土製品、鐸形土製品、銅釧、銅鏃	内郭の区画溝
70	田原本町唐古531-1	1998年9月8日～1998年9月18日	100㎡	弥生前期河跡、中期河跡、近世大溝(遺跡北限)	蛸壺	
71	田原本町鍵283-5	1998年11月12日～1998年11月13日	16㎡	小溝2条(遺跡南西部)		
72	田原本町鍵171-1他	1999年1月7日～1999年3月7日	285㎡	弥生中・後期大溝2条、前方後円墳周濠(遺跡東南部)	銅鏃、円筒・形象埴輪、笠形木製品	前方後円墳の確認
73	田原本町鍵283-6	1999年4月12日～1999年4月28日	約120㎡	大溝4条、井戸、土坑(遺跡西部)	弥生後期完形土器、卜骨	
74	田原本町鍵297,298-1,298-2,299	1999年7月14日～1999年12月25日	368㎡	大型建物、小溝、井戸(遺跡西部)	弥生土器、古式土師器、瓦質土器、陶磁器、石器、木器、石戈、杓子未成品、ヒスイ小玉、鹿角付手斧柄、弥生後期完形土器、木柱	大型建物跡の確認
75	田原本町大字鍵小字田楽田214	2000年1月6日～2000年3月27日	320㎡	環濠1条、河跡(遺跡東部)	弥生土器、古式土師器、石器、木器、弥生後期初頭土器群	
76	田原本町大字鍵小字神子田181-1他	2000年1月13日～2000年3月21日	236㎡	大溝、井戸、前方後円墳周濠(遺跡南東部)	弥生土器、古式土師器、埴輪	
77	田原本町大字鍵171-1南側里道路	2000年1月21日～2000年3月21日	230㎡	大溝(遺跡南部)	弥生土器、楼閣絵画土器片、銅鐸片	
78	田原本町大字鍵狐塚202-1	2000年2月3日～2000年3月31日	225㎡	環濠3条、井戸(遺跡東部)	弥生土器、須恵器、石器、木器	東端の確認
79	田原本町大字唐古小字ソ子田106,107-1	2000年8月16日～2000年12月21日	270㎡	環濠2条、柱穴、井戸(遺跡北西部)	弥生土器、石器、木器、弥生後期完形土器、人骨	北西部の竪穴住居区の確認
80	田原本町大字唐古小字ソ子田116-1,117-1,118	2000年10月16日～2001年1月24日	72㎡	区画溝(遺跡北西部)	弥生土器、石器、木器、ガラス、褐鉄鉱容器に入ったヒスイ勾玉(2点)、絵画土器	
81	田原本町大字鍵271-1北側道路	2000年10月30日～2000年11月6日	3㎡	溝(遺跡西部)	弥生土器、石器、木器	
82	田原本町大字鍵309-1	2000年11月13日～2001年1月31日	237㎡	木器貯蔵穴群、小溝、土坑、方墳、中世大溝(遺跡西部)	弥生土器、土師器、瓦器、石器、木製品、弥生前期土器群	方墳の確認
83	田原本町大字鍵181-1他東側・南側道路	2001年1月18日～2001年3月7日	180㎡	環濠3条(遺跡南東部)	弥生土器	
84	田原本町大字唐古小字ソ子田121-1	2001年5月18日～2001年11月10日	424㎡	大型建物、方墳、中世大溝(遺跡西部)	弥生土器、埴輪、土師器、須恵器、石器、木器、陶質土器	2つ目の大型建物跡確認
85	田原本町大字唐古小字城ノ前64-1	2001年7月11日～2001年9月19日	226㎡	環濠2条、大溝1条(遺跡北西部)	弥生土器、土師器、陶磁器、石器、木器	
86	田原本町大字鍵171-1他南側道路	2002年1月22日～2002年2月8日	62㎡	大溝(遺跡南部)	弥生土器	
87	田原本町大字唐古小字ソ子田96	2002年4月22日～2002年4月24日	8㎡	北方砂層(遺跡北部)	弥生土器	
88	田原本町大字鍵小字垣内305北隣接道路	2002年7月1日～2002年7月24日	51㎡	井戸(遺跡西部)	布留式土器	
89	田原本町大字唐古小字ソ子田121-1	2002年7月29日～2002年12月11日	500㎡	土坑18基、溝6条、落ち込み1、大型建物(遺跡西部)	弥生土器	

90	田原本町大字唐古小字城ノ前62-1	2002年9月11日～2002年10月29日	70㎡	溝4条（遺跡北西部）	弥生土器、古式土師器、石器、木器	
91	田原本町大字鍵小字中溝田155	2002年12月2日～2003年3月31日	1433㎡	環濠2条、土器棺（遺跡南東端）	弥生土器、古式土師器、木器、ヒスイ勾玉、絵画土器	
92	田原本町大字鍵小字上塚255-2	2003年5月13日～2003年5月16日	12㎡	土坑3基、溝3条（遺跡南西部）	弥生土器	
93	田原本町大字唐古小字ソ子田117-1・118・121-1	2003年5月19日～2003年12月11日	480㎡	土坑24基以上、溝3条以上、大型建物跡（遺跡北西部）	弥生土器、石器、木器、銅鐸型土製品、木戈、銅鏃、発泡土器、焼土塊	大型建物跡の全容判明
94	田原本町大字鍵小字垣内384-1・386	2003年7月2日～2003年7月14日	18㎡	溝1条（遺跡西部）	弥生土器、土師器、瓦質土器、木器	
95	田原本町大字鍵小字垣内349他東側道路	2003年8月4日～2003年8月11日	12㎡	土坑1基、溝1条（遺跡南西部）	弥生土器、土師器、陶磁器、瓦質土器、瓦	
96	田原本町大字鍵小字垣内278	2003年8月19日～2003年9月9日	45㎡	土坑1条、溝2条（遺跡南西部）	弥生土器、陶磁器、瓦質土器、瓦、石器、木器	
97	田原本町大字鍵小字垣内283-4他南側道路	2003年11月21日～2003年12月2日	17㎡	溝2条、素掘小溝（遺跡南西部）	弥生土器、土師器、瓦質土器、石器	
98	田原本町大字鍵小字長田238-1	2004年7月5日～2004年10月23日	253㎡	土坑、溝、柱穴（遺跡中央部）	弥生土器、土師器、須恵器、瓦器、石器、木器	
99	田原本町大字鍵小字垣内279-1他	2004年7月21日～2004年9月18日	26㎡	（遺跡南西部）	弥生土器、土師器、陶磁器、瓦器、瓦、石器、木器	遺跡南西端の確認
100	田原本町大字鍵小字北登戸田131-1・133	2004年11月24日～2004年11月26日	105㎡	溝2条、河跡3条（遺跡南端）	弥生土器、古式土師器、須恵器、石器、木器	
101	田原本町大字鍵小字垣内312番地西側道路	2005年7月27日～2005年8月3日	27㎡	土坑3基（弥生：1基　中世：2基）、溝5条（弥生：1条　中世3条　近世1条）（遺跡西部）	弥生土器、土師器、陶磁器、瓦質土器、石器	
102	田原本町大字鍵小字垣内271番地5	2006年1月16日～2006年2月6日	45㎡	土坑3基、溝1条、落ち込み1、柱穴4基（遺跡南西部）	弥生土器、陶磁器、瓦、木器	
103	田原本町大字唐古小字柳田69番1西側道路	2007年7月9日～2007年7月12日	5㎡	溝2条、素掘小溝2条（遺跡北西側）	弥生土器、土師器、陶磁器	
104	田原本町大字鍵71番15	2008年7月28日	3㎡	河跡1条（遺跡南端）	遺物なし	河跡を確認
105	田原本町大字唐古96-2・98-3・126北西隅	2008年10月29日～2008年10月31日	11.22㎡	土坑1基、溝1条、河跡2条（遺跡北西部）	弥生土器、陶磁器、銭、石器	
106	田原本町大字鍵小字松本120番8	2008年10月29日～2008年10月30日	8㎡	小溝群（遺跡南端）	弥生土器、土師器、瓦質土器	
107	田原本町大字唐古小字高塚94番	2009年10月2日	6㎡	素掘小溝3条（遺跡北西部）	弥生土器、土師器	
108	田原本町大字唐古小字高塚82番1北側道路	2009年10月29日～2009年10月30日	4㎡	（遺跡北西部）	弥生土器、土師器、近世陶磁器、瓦	
109	田原本町大字唐古小字田中139番、140番	2011年6月27日～2011年7月22日	39㎡	土坑2基、溝3条、土壙1基（遺跡東部）	弥生土器、古式土師器、土師器、須恵器、黒色土器、近世陶磁器、瓦器	
110	田原本町大字鍵小字中溝田142番4他南側道路	2011年6月29日～2011年6月30日	10㎡	落ち込み2条、中世小溝群（遺跡南端）	弥生土器	
111	田原本町大字鍵小字池田180番北側道路	2011年11月24日～2012年1月16日	207㎡	土坑3基、溝2条、河跡1条、野井戸1基、古墳1基（遺跡中央）	弥生土器、古式土師器、土師器、須恵器、近世陶磁器、瓦器、瓦質土器、石器、青銅器、ガラス玉、埴輪	
112	田原本町大字鍵小字狐塚193番1東側水路	2012年1月9日～2012年1月17日	24㎡	（遺跡南東端）	弥生土器、土師器、近世陶磁器、画質土器	

【図版提供一覧】

カバー・口絵・図1～4・図8・図16～20・図22～28・図30～45・図47～49・図52～84・図86～88・図90～92・図94・表3　以上、すべて田原本町教育委員会提供

図7　橿原考古学研究所附属博物館所蔵・提供

参考文献

飯田恒男　一九二九『大和唐古石器時代遺物図集』

石野博信　一九七三「大和の弥生時代」『橿原考古学研究紀要　考古学論功』第二冊　奈良県立橿原考古学研究所

石野博信　一九七九「大和唐古・鍵遺跡とその周辺」『橿原考古学研究所論集』第4　吉川弘文館

梅原末治　一九一八「大和磯城郡唐古の石器時代遺跡に就いて」『人類学雑誌』第33巻第8號　東京人類学会

梅原末治　一九二三「弥生土器に鹿の図」『考古学雑誌』第13巻第9號　考古学会

梅原末治　一九二三「再び大和唐古の遺跡について」『人類学雑誌』第38巻第3號　東京人類学会

唐古・鍵考古学ミュージアム・桜井市立埋蔵文化財センター　二〇一一『ヤマト王権はいかにして始まったか』学生社

久野邦雄　一九八〇「唐古・鍵遺跡出土の絵画土器について」『考古学雑誌』第66巻第1号　日本考古学会

末永雅雄　一九三七「大和の弥生式遺跡　唐古　発掘日誌」『考古学』第8巻2～4号　東京考古学会

末永雅雄　一九六八「はじめて弥生文化の内容を確証した唐古池」『考古学の窓』学生社

末永雅雄　一九七五「唐古遺跡出土の原始絵画と文様」『信濃』第二十七巻第十号

末永雅雄　二〇〇四「唐古遺跡の調査」『末永雅雄が語る大和発掘ものがたり』社団法人橿原考古学協会

高橋健自　一九〇一「磯城郡川東村大字鍵の遺跡」『考古界』第1篇第7號　考古学会

高橋　学　二〇〇三『平野の環境考古学』古今書院

田原本町　一九八六『唐古・鍵遺跡発掘調査五〇周年記念　唐古・鍵ムラの弥生人』

田原本町教育委員会　一九八九『弥生の巨大遺跡と弥生文化』雄山閣出版

田原本町教育委員会・奈良県立橿原考古学研究所附属博物館　一九九六『弥生の風景　唐古・鍵遺跡の発掘調査六〇年』

田原本町教育委員会　二〇〇一『唐古・鍵遺跡の考古学』学生社

田原本町教育委員会　二〇〇四『唐古・鍵考古学ミュージアム　展示図録』

田原本町教育委員会　二〇〇五『たわらもと二〇〇五発掘速報展』唐古・鍵考古学ミュージアム展示図録 Vol.1

田原本町教育委員会　二〇〇五『唐古・鍵遺跡と周辺の弥生遺跡』唐古・鍵考古学ミュージアム展示図録 Vol.2

田原本町教育委員会　二〇〇六『弥生時代の青銅器鋳造』唐古・鍵考古学ミュージアム展示図録 Vol.4

田原本町教育委員会　二〇〇六『弥生の絵画』田原本の遺跡4
田原本町教育委員会　二〇〇七・〇九・一〇『ミュージアムコレクション』Vol.1～3
田原本町教育委員会　二〇〇七『弥生の王都　唐古・鍵』唐古・鍵考古学ミュージアム展示図録Vol.6
田原本町教育委員会　二〇〇九『弥生グラフィティー』唐古・鍵考古学ミュージアム展示図録Vol.9
田原本町史編さん室　一九八四「唐古池の築造年代を追って」『田原本の歴史』第3号
寺澤　薫　一九七九「大和弥生社会の展開とその特質―初期ヤマト政権成立史の再検討―」『橿原考古学研究所論集』第4　吉川弘文館
寺澤　薫　一九八九「奈良県唐古・鍵遺跡―青銅器をつくる大集落」『探訪　弥生の遺跡』畿内・東日本編　有斐閣
外山秀一　二〇〇六『遺跡の環境復元』古今書院
鳥居龍蔵　一九一七「閑却されたる大和国」『人類学雑誌』第32巻第9號　東京人類学会
藤崎省三　一九八四「唐古遺跡」『日本の遺跡発掘物語』4　弥生時代Ⅱ（西日本）社会思想社
藤田三郎　一九八七「最近の唐古・鍵遺跡の調査」『シンポジュウム　弥生人の四季』橿原考古学研究所附属博物館
藤田三郎　一九八八「弥生時代の井戸」『同志社大学考古学シリーズⅣ』
藤田三郎　一九九〇「唐古・鍵遺跡の構造とその変遷」『季刊考古学』第31号　雄山閣出版
藤田三郎　一九九五「奈良県唐古・鍵遺跡」『季刊考古学』第51号　雄山閣出版
藤田三郎　一九九八「古墳時代の唐古・鍵遺跡の消長」『森浩一七〇の疑問　古代探求』中央公論社
藤田三郎　一九九九「奈良盆地における弥生遺跡の実態」『同志社大学考古学シリーズⅦ』
藤田三郎　二〇〇〇「唐古・鍵遺跡周辺の趨勢」『古代「おおやまと」を探る』学生社
藤田三郎　二〇〇二「大型建物の成立と展開」『季刊考古学』第80号　雄山閣出版
森本六爾　一九二四「大和に於ける史前の遺跡(1)(2)」『考古学雑誌』第14巻第11・12號　考古学会
森本六爾　一九二四「原始絵画を有する弥生式土器について」『考古学雑誌』第14巻第4号　考古学会
奈良県立橿原考古学研究所編　一九八三「法貴寺遺跡」『奈良県遺跡調査概報一九八二年度』第2分冊
奈良県立橿原考古学研究所編　一九八六「多遺跡第11次発掘調査報告」『奈良県遺跡調査概報一九八五年度』第2分冊
奈良県立橿原考古学研究所編　一九八九「清水風遺跡」『奈良県遺跡調査概報一九八六年度』第1分冊

奈良県立橿原考古学研究所編　二〇〇一「羽子田遺跡第20次調査」『奈良県遺跡調査概報』第2分冊
奈良県立橿原考古学研究所編　二〇〇二「伴堂東遺跡」『奈良県立橿原考古学研究所調査報告』第80冊
奈良県立橿原考古学研究所編　二〇〇六「三河東遺跡」『奈良県遺跡調査概報二〇〇五年度』第1分冊
奈良県立橿原考古学研究所編　二〇〇八「三河遺跡」『奈良県立橿原考古学研究所調査報告』第103冊
奈良県立橿原考古学研究所編　二〇〇八「法貴寺斎宮前遺跡第7次調査・小阪榎木遺跡第3次調査」『奈良県遺跡調査概報二〇〇七年度』第1分冊
末永雅雄・小林行雄・藤岡謙二郎　一九四三「大和唐古弥生式遺跡の研究」『京都帝国大学文学部考古学研究報告第一六册』
上田三平　一九二八「唐古遺跡の研究」『歴史と地理』21-6
〈唐古・鍵遺跡の調査報告〉
奈良県教育委員会　一九六八『唐古弥生遺跡調査概要』
奈良県立橿原考古学研究所編　一九七八〜一九八二『唐古・鍵遺跡発掘調査概報』（第3〜12次）田原本町教育委員会
田原本町教育委員会　一九八三・八四「唐古・鍵遺跡発掘調査概報（第13〜18次）」『田原本町埋蔵文化財調査概要』1・2
田原本町教育委員会　一九八六「唐古・鍵遺跡発掘調査概報（第20次）」『田原本町埋蔵文化財調査概要』3
田原本町教育委員会　一九八六「唐古・鍵遺跡発掘調査概報（第22・24・25次）」『田原本町埋蔵文化財調査概要』4
田原本町教育委員会　一九八七「唐古・鍵遺跡発掘調査概報（第21・23次）」『田原本町埋蔵文化財調査概要』6
田原本町教育委員会　一九八七「唐古・鍵遺跡発掘調査概報（第26〜30次）」『田原本町埋蔵文化財調査概要』7〜9
田原本町教育委員会　一九八九「唐古・鍵遺跡発掘調査概報（第32・33次）」『田原本町埋蔵文化財調査概要』11
田原本町教育委員会　一九九〇〜二〇〇六『田原本町埋蔵文化財調査年報』1〜15
田原本町教育委員会　一九九三「唐古・鍵遺跡発掘調査概報（第52次）」『田原本町埋蔵文化財調査概要』13
田原本町教育委員会　一九九七「唐古・鍵遺跡発掘調査概報（第60・61次）」『田原本町埋蔵文化財調査概要』15・16
田原本町教育委員会　二〇〇九『唐古・鍵遺跡Ⅰ』田原本町文化財調査報告書第5集
田原本町教育委員会　二〇一〇『田原本町文化財調査年報』18
田原本町教育委員会　二〇一二『田原本町文化財調査年報』20

おわりに

弥生時代屈指の大集落である唐古・鍵遺跡について、一調査担当者である私がまとめることになったが、その重責を果たせたかどうか不安である。現在の弥生時代研究にとって欠かすことができないこの遺跡は、学史的にも名だたる先輩諸先生によって研究されており、それらをどれだけ咀嚼できたか、また遺跡をうまく調理できたか、はなはだ疑問である。間違いや理解不足など、ご教示頂ければさいわいである。

まずは大環濠集落の一部が国史跡となり保存され、その一部がミュージアムで展示されるとともに、地元田原本町の小学校では総合的な学習の時間に唐古・鍵遺跡の勉強をするというカリキュラムが整備された。自分たちの郷土に「唐古・鍵遺跡」というすごい遺跡があったことを知って卒業することになるのである。ちかい将来この子供たちが唐古・鍵遺跡という遺産を引き継いでいくことになるのだろう。

地元の唐古と鍵の方々には、先祖から農地として保全してきた土地を範囲確認調査の初期段階から提供して頂いたことに感謝したい。彼らの文化財に対するご理解とご協力がなければ、昨今の開発に呑み込まれ、今のような史跡の形にはならなかったであろう。また、田原本町は人口三万人足らずの小さな町であるが、弥生時代の首都クラスの遺跡、言い換えれば、古代の宮都クラスを町が調査し、公有化・

史跡整備というたいへんな財政負担をつづけるだけの理解があったこともこの遺跡にとってさいわいであったと思う。地元・行政・研究者という立場の違いを超えて唐古・鍵遺跡の保存を成しえたということであろう。ただし、保存されたのは遺跡面積四二万平方メートルのうち一〇万平方メートルであり、今後、超長期の展望も必要になってくるであろう。

さて、末永雅雄博士が唐古池の第1次調査を実施されて七六年が経った。そして、二〇一二年二月に奈良県立橿原考古学研究所附属博物館で没後二〇年の特別陳列「末永雅雄」展が開催された。大規模調査のさきがけとなった「唐古遺跡」を初めとするさまざまな調査を再評価しようとするものである。末永博士の熱い情熱の上に成しえた唐古の調査であったからこそ、現在の唐古・鍵遺跡が存在していることをあらためて再認識した次第である。筆者と本遺跡の関わりは、一九七七年、再開された調査を故久野邦雄氏・寺澤薫氏が担当されそれに参加したのがきっかけであったが、田原本町教育委員会へと調査が移行するとともにこの職を得、長期にわたって調査を担当する機会も与えられた。この間、森浩一先生や石野博信先生、寺澤薫氏を初めとする数えきれないほどの研究者、友人、同僚のご指導・助言があってここまで来れたという実感がするが、まだ報告書の刊行は一部であり未発表なものも多い。今後、このような膨大な資料を有する集落遺跡の成果の報告方法を含めて考えていきたいと思っている。

なお、本書で紹介した資料の大半は田原本町教育委員会が実施したもので、参考にした調査の主な文献は前記のとおりであるが、各調査の概報・調査年報・報告書すべては紙幅の都合上、割愛した。

菊池徹夫
坂井秀弥　企画・監修「日本の遺跡」

45　唐古《からこ》・鍵遺跡《かぎいせき》

■著者略歴■

藤田　三郎（ふじた・さぶろう）

1957年、奈良県生まれ
同志社大学大学院文学研究科修士課程修了
現在、田原本町教育委員会事務局　文化財保存課課長

主要論文等

『奈良県の弥生土器集成』大和弥生文化の会、2003年
「青銅器とガラス製品の生産―以東」『考古資料大観10　弥生・古墳時代　遺跡・遺構』寺澤 薫編、小学館、2004年
「絵画土器の見方小考」『原始絵画の研究』六一書房、2004年
「奈良盆地の弥生環濠集落の解体」『ヤマト王権はいかにして始まったか』学生社、2011年

2012年 6 月20日発行

著　者　藤　田　三　郎
発行者　山　脇　洋　亮
印　刷　亜細亜印刷㈱
製　本　協　栄　製　本㈱

発行所　東京都千代田区飯田橋4-4-8
（〒102-0072）東京中央ビル　㈱ 同成社
TEL　03-3239-1467　振替　00140-0-20618

ISBN978-4-88621-589-5 C3321

シリーズ　日本の遺跡

菊池徹夫・坂井秀弥　企画・監修　　四六判・定価各1890円

【既刊】（地域別）

〔北海道・東北〕

⑩白河郡衙遺跡群（福島）　鈴木　功
⑫秋田城跡（秋田）　伊藤武士
⑬常呂遺跡群（北海道）　武田　修
⑰宮畑遺跡（福島）　斎藤義弘
⑲根城跡（青森）　佐々木浩一
㉗五稜郭（北海道）　田原良信
㉚多賀城跡（宮城）　高倉敏明
㉛志波城・徳丹城跡（岩手）　西野　修
㉞北斗遺跡（北海道）　松田　猛
㉟郡山遺跡（宮城）　長島榮一

〔関東〕

③虎塚古墳（茨城）　鴨志田篤二
㉓寺野東遺跡（栃木）　江原・初山
㉕侍塚古墳と那須国造碑（栃木）　眞保昌弘
㉙飛山城跡（栃木）　今平利幸
㊱上野三碑（群馬）　松田　猛
㊶樺崎寺跡（栃木）　大澤伸啓

〔中部〕

⑤瀬戸窯跡群（愛知）　藤澤良祐
⑮奥山荘城館遺跡（新潟）　水澤幸一
⑱王塚・千坊山遺跡群（富山）　大野英子
㉑昼飯大塚古墳（岐阜）　中井正幸
㉒大知波峠廃寺跡（静岡・愛知）　後藤建一
㉔長者ケ原遺跡（新潟）　木島・寺崎・山岸

〔近畿〕

⑥宇治遺跡群（京都）　杉本　宏
⑦今城塚と三島古墳群（大阪）　森田克行
⑧加茂遺跡（大阪）　岡野慶隆
⑨伊勢斎宮跡（三重）　泉　雄二
⑪山陽道駅家跡（兵庫）　岸本道昭
⑳日根荘遺跡（大阪）　鈴木陽一
㊲難波宮跡（大阪）　植木　久
㊸伊勢国府・国分寺跡（三重）　新田　剛
㊺唐古・鍵遺跡（奈良）　藤田三郎

〔中国・四国〕

⑭両宮山古墳（岡山）　宇垣匡雅
⑯妻木晩田遺跡（鳥取）　高田健一
㉝吉川氏城館跡（広島）　小都　隆
㊴湯築城跡（愛媛）　中野良一
㊷鬼ノ城（岡山）　谷山雅彦
㊹荒神谷遺跡（島根）　足立克己

〔九州・沖縄〕

①西都原古墳群（宮崎）　北郷泰道
②吉野ヶ里遺跡（佐賀）　七田忠昭
④六郷山と田染荘遺跡（大分）　櫻井成昭
㉖名護屋城跡（佐賀）　高瀬哲郎
㉘長崎出島（長崎）　山口美由紀
㉜原の辻遺跡（長崎）　宮崎貴夫
㊳池辺寺跡（熊本）　網田龍生
㊵橋牟礼川遺跡（鹿児島）　鎌田・中摩・渡部